ず∞っと
つながる
紹介営業

Takakazu Kamizane
上實 貴一
TOT会員(2022年)
総合FP資産形成・
コンサルティング株式会社 代表

すばる舎

はじめに　売り込まなくても結果が出続ける「仕組み」をつくろう！

本書は、**日々の営業（セールス）の仕事に果てしなさを感じている、営業担当者のための本**です。

また、**人とのコミュニケーションを取るのが苦手だったり、他人と会話するのが得意ではないと感じている営業担当者のための本**でもあります。

何を隠そう、著者の私自身がそういう営業担当者だったからです。

中身が陰キャのコミュ障でも、印象だけ変えればＯＫ

私は昔から「はじめまして」の人と話すのが苦手で、学生時代には「はじめまして」の挨拶のあと、会話が秒で終わることも珍しくありませんでした。生来の緊張しやすい性格で、会話中に、相手に自分の目を直視されるのも苦手です。そうされると、無意識に目線を外したくなります。

休日は仲のよい友達と自室に引きこもって１日中ゲームをしたり、外で遊ぶ際も決まった友達と少人数で過ごすのが大好きでした。いまで言う「陰キャ（陰気なキャラクター）」や「コミュ障（コミュニケーションに障害のある人）」だったと言っていいでしょう（気心が知れた友達の前では、自分らしさを全開で表現することができていましたが……）。

そんな私が、人と会話してナンボの営業担当者をどうして仕事として選んだのか、自分でも「なぜ？」と突っ込みたくなりますが、いろいろとご縁があり、この仕事に就きました。

その私が断言します。

どんなにコミュニケーションが苦手でも、どんなに会話が苦手でも、営業担当者としてやっていくことは可能です。

自分で言うのもなんですが、いまの私と直接会った人で、私のことを陰キャやコミュ障だと感じる人はそういないでしょう。文章ではわかりませんが、茶髪にカジュアル系のスーツ姿、磨き上げた笑顔で相手の目を見て話す私は、一見するとバリバリの陽キャ（陽気なキャラクター）に見えるはず。まさに、やり手のセールスパーソンとの印象を受けるでしょう。

しかし実は内心、人と会うときはいつもすごくドキドキしているのです。中身は昔と変わらない、陰キャ&コミュ障な自分のままです。

それでも外見や仕草が明るく見えれば、相手に与える「印象」は内心とは真逆になります。

大事なのは、**相手に与える「印象」を自分でコントロールする**こと。

表情や服装、仕草などを意識して変え、何パターンかの会話をあらかじめ用意しておくことで、相手に与える印象は劇的に変えられます。そして、営業の仕事をするには、それだけで十分なのです。

性格を変えたり、日常の行動まで変えたりする必要はありません。いまのあなたのままでいいので、印象だけをうまく操作していきましょう。

これは営業担当者としての基礎スキルでもありますから、そのためのノウハウを本書後半でいくつか紹介します。

営業がしんどく感じるのは効率が悪いから

そしてもう1つ、営業の仕事をはじめたばかりのころの私は、「この仕事を、安定して長く続けられる気がしない……」という不安も抱えていました。

成約できてうまく数字をつくれた日には「今日は楽しかった！」となりますが、なかなか成約できないときには上司に怒られるのではないかという不安や、お客さまから何度も断られることへのストレスで、激しく落ち込む日が何日も続きました。ジェットコースターのように浮き沈みが激しい日々で、「こんな調子では、プロとして食べていけないのでは？」と感じていました。

毎日お客さまにゼロから売り込んで、見込み客をつくっては成約につなげるというプロセスが絶望的に果てしなく思え、「営業って、つらい仕事だなぁ」と音を上げていました。

――この本を読んでいるあなたも、まさにいま、そう感じているのかもしれません。しかしその不安に対しても、私は断言します。

うまく「仕組み」をつくって「紹介ガラポン」を回せば、営業という仕事をストレスフリーで、労働負荷が小さい割に儲けが大きい、旨味のある仕事に変える

ことができます、と。

営業の仕事をしんどく感じるのは、効率が悪い仕事の仕方をしているせいです。

効率よく成約をゲットし、どんどん数字をつくれるのであれば、営業の仕事はまったくつらいものではなくなります。

成果報酬型の給与体系になっていることも多いので、効率よく成果を出せればストレートに年収も高くなりますし、自由な時間も増えます。

営業という仕事を、一生の仕事として楽しむ余裕も出てくるはずです。

私自身を例に取ると、成果報酬型の給与体系である保険営業員の仕事をしはじめた最初の数か月は、仕組みをつくることなどまったく考えず、がむしゃらに売り込むスタイルの営業をしていました。そのため、ほとんど成約を得ることができませんでした。

先輩の紹介でお情け的に何件か成約してもらっただけで、自分の力で得た成約はほぼゼロだったと言っても過言ではありません。

毎日焦っていて心に余裕がなく、遅くまで残業することも日常的でした。将来への不安も募っていました。

しかし仲間と出会い、紹介の仕組みをつくることを意識してからは、状況がガラリと変わりました。

試行錯誤を重ね、うまく「紹介ガラポン」が回るようになってからは、**私自身はほとんど何もしていないのに定期的に紹介が発生し、そこから成約を得られる**ようになりました。

見込み客のリストが勝手に増えるので、いわゆる「新規営業」にほとんど時間を使わなくてよくなり、**残業が皆無となり自由時間が増えました。**

紹介による見込み客なので、**その後の成約率もおよそ9割**と非常に高く、**成果の浮き沈みに悩むことがなくなりました。**

年収も上がり、将来の生活についても不安に感じることがなくなりました。

おかげさまで保険営業員をはじめて2年目には、社内での社長賞を受賞し、その後も通算7年連続受賞。

その後も仕組みの精度を上げていき、2022年には生命保険外交員の最高位とされるTOT〔Top of the Table〕への入会資格を得ることもできました。この会員資格は、全国に128万人いる保険営業員の上位100位（およそ上位0・01％）以内の人にだけ与えられる栄誉あるものです。

この年は新型コロナウイルスのパンデミックの真っ最中でもありましたが、そんな状況下でも大きな成果を収められたことは、本書で紹介する仕組みの有効性を改めて示すものでしょう。

紹介のメカニズムを突き詰めました！

ここまで読んで、「紹介がもらえれば、すべてうまく回ると言われても……」と感じる読者の方は多いでしょう。

かつての私を含め、営業が思うようにいかず、本書のようないわゆる「営業本」を手に取ってヒントを求めたとき、いちばん多く目にするのが「紹介をもらえば勝てる」というアドバイスだからです。

ところが、「紹介をもらうといいよ」と簡単に言われるものの、周囲の人にお願いをしても、**現実にはそう簡単に紹介なんてしてもらえません**。

ほとんどの場合は「いい人がいたら、紹介しますね」などと言われるだけです（私もこのセリフを、何回言われたことか……）。

私自身、同じ失敗を何度もして、何度も失望を重ねました。

しかし決してあきらめず、信頼できる仲間たちと試行錯誤を繰り返して、**「紹介」の発生するメカニズムや前提条件**を突き詰めました。

その結果、高い確率で紹介を継続的に生み出す「**紹介ガラポン**」のアイデアを生み出したのです。

本書で紹介するのは、私たちが長期間、試行錯誤を繰り返してきた努力と苦労の結晶とでも言うべきものです。

最初から知識としてこのノウハウを持って営業の仕事に取り組める読者には、「ずるい！」という感情すら感じます。

だまされたと思って、ぜひ本書のノウハウをあなたの営業の仕事に取り入れてみてください。きっと、驚くほどの変化が生まれるはずです。

本書が、日々営業（セールス）という愛すべき仕事に取り組んでいる読者のみなさんの人生に、ポジティブな変化をたくさん生み出すきっかけとなることを、著者として大いに願っています。

上實《かみざね》 貴一《たかかず》

目 次

第2章　紹介ガラポンはチームで回す！

第3章　「印象コントロール」で紹介確率や成約率を高める

第4章　印象コントロールの「鉄板ワザ」6選

第5章 そしてあなたのチームは回り始める

第1章

「紹介ガラポン」と3つの前提

「失敗する前提」を「成功する前提」にチェンジ！

数多《あまた》の営業本のアドバイスは嘘ではない

最初に、本書全体を通じた結論をお伝えします。

「3つの前提」を満たした状態で、紹介が生まれる「仕組み」を機能させれば、9割以上が成約につながる紹介が誰にでももたらされる。

これが結論です。

後述しますが、私の主催する勉強会（ザネスクール）で学んでいる方々も、同じ仕組みを機能させることで継続的に「紹介」を手にし、安定して仕事ができています。非常に再現性が高い手法だと自負しています。

その再現性のカギとなるのは、**紹介を成約につなげるための「前提」を満たせているかどうか**です。

この前提ができていないと、たとえ会社での教育や、営業本の伝えるノウハウのとおりに行動したとしても、成約につながらなかったり、そもそも紹介すらしてもらえなかったりする状態に陥ります。

さまざまな営業本に書かれている「私は紹介で結果が出ました。あなたも、紹介をもらえれば結果が出ますよ！」というアドバイスは、決して嘘ではありません。多くは心から読者を思ってのアドバイスでしょう。

しかし、その方法を実行するのがその著者の人なのか、あなたなのかによって、現実には結果が大きく異なります。**「前提」が違うから**です。

前提が変われば、結果も変わるのは当然のこと

わかりやすくするために、少し極端な例で考えてみましょう。

甲子園の常連校で4番バッターを務めた経験がある営業担当者が、「草野球トーナメントを開催して、その試合のときに本気でプレーすれば、参加者みんながあなたに興味を持ってくれます。私の場合も、そこから成約につながりました。みなさんも草野球トーナメントを開催して本気でプレーしましょう！　そうすれば自然とお客さまが増えます！」というアドバイスをしたとします。

野球未経験の営業担当者であるあなたが、それを素直に信じてマネをしても、「野球のうまさ」という前提が違うので、トーナメント参加者はあなたにまったく

興味を持たないだろうことは簡単にイメージできますね。
それどころか、初心者が混ざっているために他の参加者にとっては満足度の低い試合になってしまい、悪い印象を与える結果にさえなりかねません。

同じアドバイスやノウハウを実行していても、（この例であれば、野球がうまいという）前提が違うと、結果はまったく異なります。

この簡単な事実を理解していただけたでしょうか？
そしてこれは、営業での「紹介」に関するアドバイスにもまったく同じことが言えます。

「私は紹介で結果が出ました。あなたも、紹介をもらえば結果が出ますよ」
いま、改めてこのよくあるアドバイスを見て、どう思いますか？

「この人は紹介をもらう以前に、どんな前提を満たして考えたり、行動したりしていたのだろう？」

……そこが気になったなら、もう成功したも同然です。

野球の例ならわかりやすいのですが、こと仕事（営業）のこととなると、私たちはノウハウやアドバイスをそのままマネしようとしてしまうケースが多いです。

しかし実は、**仕事でこそ前提の違いで結果が大きく変わります。**

本章では、9割以上が成約につながるような紹介をもらえる人の「前提」と、紹介されても成約につながらなかったり、そもそも紹介をもらえなかったりと、うまくいかない人の「前提」をそれぞれお伝えします。

私の勉強会でもこの前提の違いに気づき、「うまくいく前提」にチェンジした人から次々に結果が出ています。みなさんも、ぜひその「前提」を自分のものにしてください。

ポイント
営業の仕事で成約率の高い紹介をもらうには、一定の前提を満たしている必要がある。

誰かを「紹介」するのは、想像以上にリスクが高い

紹介に関する「営業あるある」

「誰か紹介してください！」と言い、「いたら紹介します！」と言われる。

営業担当者であれば、何百回と経験してきたやり取りでしょう。

「誰かいたら、紹介しますね」と言ってもらったものの、実際には紹介なんて、ほぼしてもらえないところまでセットで、ある種の〝営業あるある〟となってしまっています。

しかも、たま〜に誰かを紹介してもらえて、

「やった、紹介をしてもらえた！　当然、紹介案件なんだから成約につながる率も新規のアポより高いだろうな！」

などと期待に胸を膨らませて会ってみると、〝大惨事〟となることも少なくありません。

紹介していただいた方のニーズがこちらの提供できるものとずれていて、お互いに「え？　これはいったい、何の時間なんだ？」と言いたくなるような、無駄な時間を過ごすハメに陥ります。何の生産性もなく、お互い「はじめまして」で打ち解けられず、かといってお互いに紹介なので邪険にもできない、まさに気疲れするだけの地獄のような時間……そうした残念な時間をつくらないためには、どうしたらいいのでしょう？

3人の登場人物の関係は？

前述のとおり、そこにあるのは「前提」の違いです。

成約につながる紹介の「前提」とはどんなものなのか、それを理解するには、先に「紹介のメカニズム」を理解する必要があります。「紹介」が発生するときの基本構造を確認しながら説明していきましょう。

まず、当然ですが「紹介」というアクションには登場人物が3人かかわります（次ページ図参照）。

「紹介される人（被紹介者）」が2人いて、この2人はお互いのことをまだ知りません。

その両者どちらとも、すでに知り合っている「紹介者（紹介してくれる人）」がいて、紹介者が**「紹介」という働きかけを行って、被紹介者同士が知り合う機会**

図1　紹介の基本構造

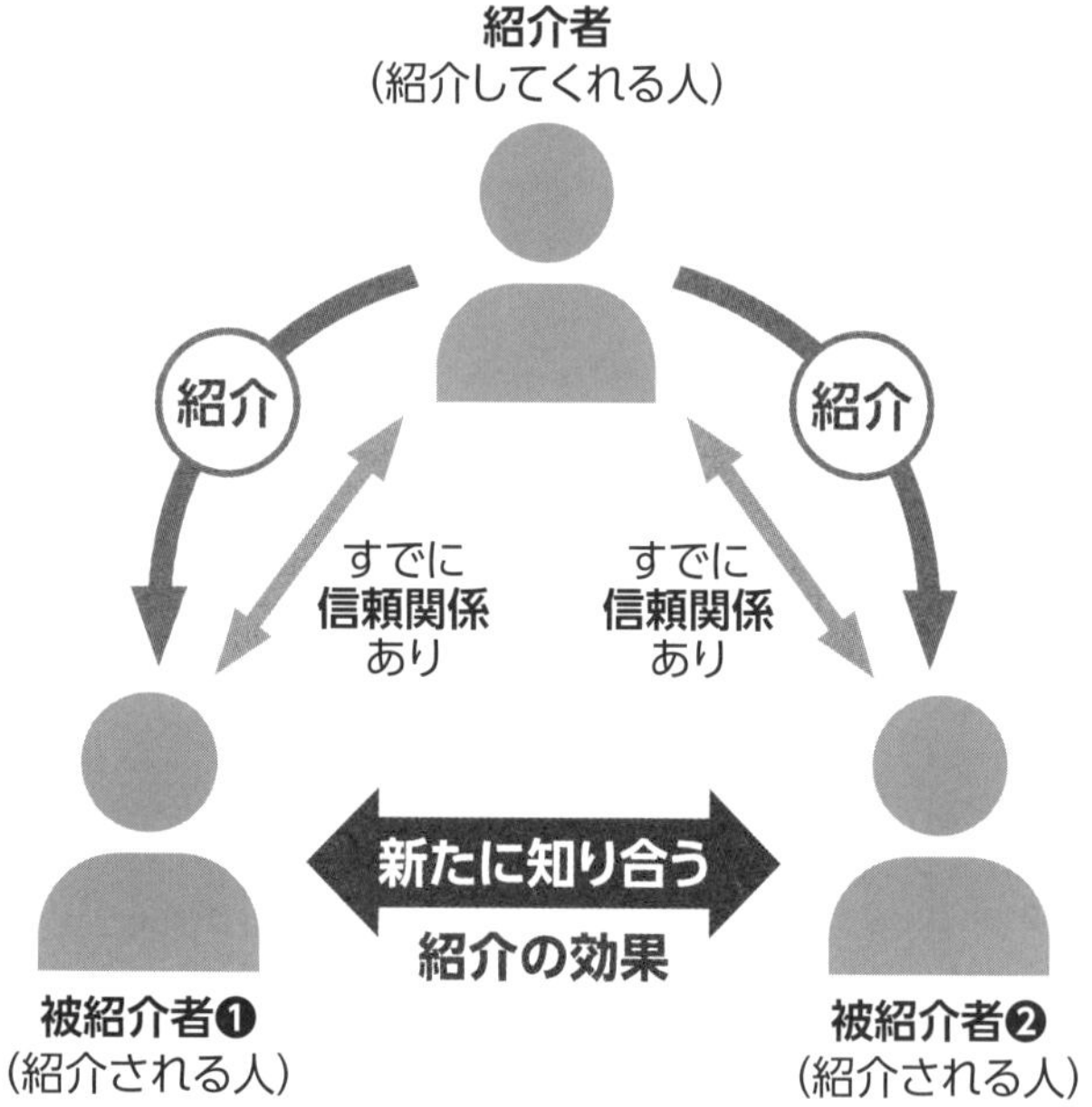

をつくります。これが「紹介」です。

紹介の結果、それ以前にはお互いを知らなかった被紹介者2人は、それ以後はお互いに既知の間柄になります。これが基本的な効果です。

紹介者としては、紹介によってお互いを知らなかった者同士を結びつけることで、**その**

人脈のなかでの自分の影響力を高めることができます。

被紹介者に恩を売ることもできるでしょうし、自分の知り合い同士をお互いに結びつけることで、自分が属している人脈のネットワーク自体をより強固に、より機能的にすることもできます。

たとえば被紹介者のうちの1人が、もう片方の被紹介者と会いたい、人脈をつくりたい、と考えているときには、紹介で知り合う機会をつくってあげることでその片方の希望を叶えられます。紹介者は大いに感謝されるでしょう。

もう1人の被紹介者からしても、紹介者に紹介された相手が、自分にとってなんらかの利益をもたらしてくれるのであれば、会っても損はありませんから紹介者に感謝するはずです。

こうした損得での考えではなく、**新しい友人ができれば嬉しいですし、友人同士がさらに友人同士になってくれれば、紹介者としてもさらに嬉しいはず**、と単純に考えることもできます。

紹介は、うまくいけば関係者3人が全員ハッピーになれる「三方良し」のアクションなのです。

一方で、**紹介は非常にリスクが高い行為**でもあります。

紹介者に紹介された相手が、もう一方の被紹介者に損害を与えたり、不快な思いをさせたりすると、その失礼な被紹介者と新しい関係をうまく築けないのはもちろん、紹介してくれた紹介者その人に対する被紹介者からの信頼も、大きく揺らいでしまいます。２人いる被紹介者のどちらからもです。

就活で縁故採用された人が、その後すぐに会社を辞めたりすれば、その紹介者からの口利きはもう効かなくなりますよね？

紹介は**被紹介者の人柄や、その人が提供している商品やサービスなどに対して、紹介者がある種のお墨つきを与える行為**とも言えます。そのため、紹介者のお墨つきを信じて会ってみたのに期待外れだったら、もうそのお墨つきの効力はなくなります。

紹介者にとっては、信用にかかわる大ダメージです。

図2 紹介でトラブルが発生すると……

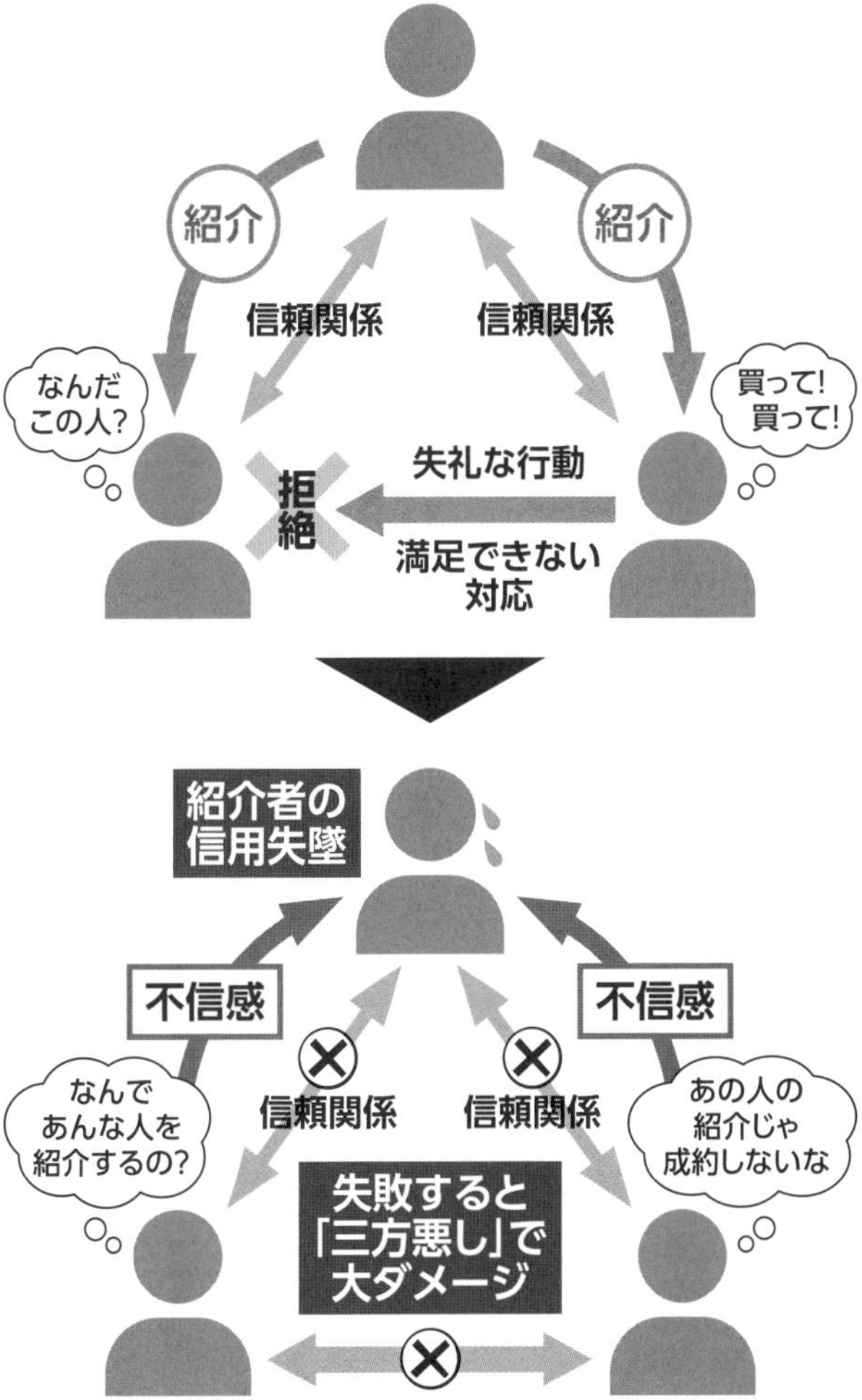

したがって、**紹介者は自分が信頼できる相手しか紹介しません。**

変な人を紹介してトラブルにでもなれば、自分も困るので、本当に信じられる相手2人を互いに引き合わせる場合にしか「紹介」は発生しません。

紹介される被紹介者にしても、妙な人を紹介されて時間を無駄にしたり、不快な思いをしたりしたくないため、そもそも紹介者を信用していないと「○○をしている▲▲さん、紹介しようか?」などと紹介者に提案されたときに応じません。

「誰か紹介してくださいよ〜」と周囲に言いまくって、「誰かいたら、紹介しますね」と返事をもらっていても、実際にはめったに紹介が発生しないのは、このように「紹介」が信用リスクの非常に大きな行為であることに理由があります。

紹介が発生するには、3人の登場人物をつなぐ2つの関係で、先に相互の信頼関係がないといけません。

この点は、くれぐれも認識しておきたいところです。

信頼関係がない紹介は本物ではない

信頼が足りない関係での「紹介」は、本当の意味での紹介ではありません。

紹介者が何の責任もなく、しつこくお願いされたので仕方なく、条件に該当しそうな人を教えたり、連絡先を教えたりしただけでも、外形的には同じ「紹介」に見えます。しかし、そこには信頼関係がありませんから、被紹介者同士もとりあえず会ってはみたけれど困惑してしまいますし、そこから商談につながるようなこともありません。

この点を誤解して、ただ連絡先を教えてもらっただけで「紹介をしてもらった！」と考えているから、ぬか喜びすることになります。

とくに紹介された相手を営業活動での見込み客にし、さらにその先の成約へとつなげたいのであれば、どんな紹介でもいいわけではありません。**紹介者と被紹介者の間に信頼関係がある「本物の紹介」をしてもらう**よう努力しないといけないのです。

逆に言えば、**それ以外の「単に連絡先を教えただけ」のニセモノの紹介は、無視してしまったほうが関係者全員にとって時間の節約になります**。

あなたが紹介者の立場になったつもりで考えてみれば、わかるはずです。

自分の大切な友人に、なんだか怪しくて、頼りなくて、商品もうさん臭い信頼できない営業担当者とその商品なんて、絶対に紹介しません。

逆に信頼できて、一緒にいると楽しくて、仕事のクオリティもすばらしい営業担当者とその商品であれば、大切な友人にも教えてあげたくなります。

あなたが紹介者にとって「最高に信頼できる営業担当者」になること。

それこそが、成果につながる本物の紹介への最短ルートです。

ポイント
成約につながる「本物の紹介」は、紹介者との間に信頼関係があるときにしか発生しない。

紹介を発生させる3つの前提

言われてみれば当たり前のこと

前項で示した「紹介の基本的メカニズム」を理解すると、成約につながる可能性がある本当の意味での「紹介」を発生させるには、（紹介者ではなく）被紹介者の側に、3つの前提が必要であることが導けます。

以下の3点です。

① Ｆｏｒ Ｙｏｕの精神を持っていること（誰かのために動ける人）
② 仕事の質が高い「仕事人（プロ）」であること
③ 紹介者の印象に残っていること

紹介者に知人や友人を紹介される立場である営業担当者、つまり**あなたが、これら前提となる要素を満たしていれば紹介者は安心して紹介を行えます。**

それぞれもう少し詳しく言えば、①の条件は、信用上のリスクがある紹介という行為を、紹介者にしてもらうための必須要件です。一緒にいて楽しく、もっと仲よくなりたいと思うような相手でなければ、大事な友人や自分のお客さまを紹介なんてしたくなりません。

②は、本物の紹介を発生させるには必須の「信頼関係」をつくるための前提です。いい人だけど仕事はダメな人、いい人だけど変な商品を売っている人には、残念ながらビジネス関係の紹介はできません。

そして③の前提は、そもそも紹介が発生するには、紹介者が被紹介者のことを覚えていなければならないからです。

できていない場合を考えるとわかりやすい

これら3つの前提については、前提を満たせていない営業担当者のほうが多いので、そうしたダメな例について考えるとよりわかりやすいでしょう。

つまり、以下のような人たちです。

① For Meの精神を持っている人（自分優先の人）
② 仕事の質が低い人
③ 紹介者の印象に残っていない人

それぞれのケースについて、少し詳しく見ていきます。

「オレオレ星人」に紹介なんて誰もしたくない

①の「For Meの精神を持っている人」とは、ひとことで言えば「**相手に興味を持てない人**」のことです。

いつでも自分や、自分の商品の話ばかりをしている営業担当者はまさにこれ。**商談をしているのに、自分ばかりが話をしていたらお客さまから情報を引き出せません。**相手のニーズがわからなければ、的確な提案をすることもできません。

こうした傾向にある人のことを、私は「For Meの人」と呼んでいます。文字どおり、自分のためになるかどうかの視点でしか物事を見られない人です。

自分のことしか考えていないので、「今月はあと少しでノルマを達成できるので、お願いですから契約してください！」なんてセールストークもしがちです。

よく聞くトークですが、そのお願いに応じて契約して、お客さまには何かメリットがあるのでしょうか？　すでにお互いの人間関係ができているなら考えられなくもありませんが、そうでないなら迷惑以外の何ものでもありません。

こういった人は、紹介者の目には**「この人とかかわっても、よいことはなさそうだ」**と映っています。

相手がいま何を求めているかを知ろうとしないので、自分の家族や友人、知人などを紹介したとしても、彼らが求めているものもしっかり聞いてくれないだろうと判断されます。

求めていないものを提案したり、強引な売り込みをしたりもしそうなので、もし誰かを紹介したら、その人が不快に感じたり困ったりするかもしれません。

自分が属しているコミュニティ内でそのような行為をされたら、紹介した自分の信用まで大きく落ちてしまうので、「紹介なんてとんでもない! むしろ、絶対に友人や知人には会わせるわけにはいかない」と思われてしまいます。

つまり、**「関係を持たないほうがよい人」になってしまっている**のです。そんな相手を、大切な友人や家族、関係者などに紹介する確率は0%です。

もし、あなた自身、自分にはＦｏｒＭｅの要素が多いかも、と心当たりがあるのであれば、いくら紹介をもらおうと努力しても、いまのままではまったく紹介してもらえませんし、仮に紹介してもらっても成約には結びつきません。

まずはその心持ちの部分から変えていく必要があります。

プロの仕事ができないなら、紹介できない

本書を読んでいるあなたは、ただ友人を増やしたいわけではなく、紹介を仕事にもつなげたいと考えているでしょう。そうした関係性での紹介では、**自分の仕事についてプロフェッショナルであること**も求められます。

たとえば自分の所属業界についての知識が不足していたり、自分が売っている商品についての知識・競合情報・周辺情報等の理解が不足している営業担当者は、残念ながら信頼されません。

あなたが野球のバットを買おうとしたときに、「このバットは最近、評判がいいですよ」とだけ言う店員と、「左打ちで6番バッターということでしたら、この

バットがお勧めです。なぜなら……」と詳しく理由や素材などについて説明してくれる店員と、どちらから買うでしょうか？

言うまでもなく、後者の店員から買うことが圧倒的に多いでしょう。なぜなら後者のほうが信頼できそうで、そのアドバイスに従って買えば失敗しなさそうだからです。

それと同じで、紹介者としてもそれぞれの商品のプロとして信頼できそうな人を紹介したくなります。なぜなら、**そのほうが失敗しなさそうだから**です。

仕事にからんだ紹介となると、当然その先には、被紹介者同士でのお金が絡む取引が予想されます。その取引で、信頼できる人として紹介した営業担当者がポンコツだったら、紹介者の信用はガタ落ちです。

お金が絡んでいますから、信用が毀損《きそん》される程度も大きいのです。

そのため紹介者としては、それぞれの商品の本当のプロフェッショナル、この人なら任せて大丈夫だろうと思える、「仕事人」と言える営業担当者しか、紹介する気が起きません。

そして**紹介の先に予想される取引の金額が大きければ大きいほど（たとえば車や住宅、保険など）、そこで要求される水準は上がっていきます。**

挨拶や立ち居振る舞いなどの身だしなみが一定水準を超えていて、人柄が信頼できれば、仕事人としてのレベルが低くても新しい友人としての紹介はしてもらえます。

しかし、紹介を見込み客や成約へとつなげたいのであれば、本業の仕事の質が低いままでは決してビジネスにかかわる紹介をしてもらえないことを、肝に銘じておきましょう。

覚えていない人を紹介できる確率も0％

当然のことですが、**「そもそも覚えていない人」を紹介者が紹介することはできません。**

たとえば「彼氏がほしい！」と言っている女の子に、あなたが誰か男友達を紹介する場面をイメージしてください。

「うーん、誰かいるかなあ……。優しい田中か、微イケメンの鈴木か、お調子者の佐藤か。ヘンタイの斉藤はさすがにやめておくとして、あとはマジメすぎるところがあるけど近藤もアリかな。

……この子は面白い人が好きそうだから、今回はお調子者の佐藤を紹介してあげようかな」

こんな具合に、紹介者であるあなたは、印象に残っている男友達を比較して、そのなかから女の子に紹介する友人を選ぶでしょう。

ここで、別の友人が声をかけたとします。

「高校のときに同じクラスだった向井とかいいんじゃない？」

ところがあなたは「えっ……誰だっけ？？？」となり、友達から特徴を聞いても、その向井くんのことを思い出せません。

このとき、あなたが男友達を紹介してもらいたがっている女の子に、その向井くんを紹介する確率がほぼ0％なのは簡単に想像できるでしょう。

たとえ一時的に忘れてしまっているだけだとしても、**よく知らない人を別の人に紹介するわけにはいきません**。責任を持てませんし、その向井くんが万一、変なヤツで自分が信用を落とすのも避けたいからです。

このように、**完全に知らない人はもちろん、多少の面識があってもよく覚えていない人は、紹介の対象になりません**。

どんなにＦｏｒ Ｙｏｕの精神を持っていて人柄がよくても、どんなに商品知識豊富な仕事人でも、紹介者の印象に残っていなければ、絶対に紹介はされないことを理解しましょう。

怖いのは、向井くんとあなたは同じクラスだったということですから、１年くらいはほぼ毎日顔を合わせていたということです。

それなのに、まったく覚えていない。

そんなことありえないと思うかもしれませんが、完全に思い出せないほどではなくても、ほとんど顔も名前も思い出せないかつての同級生、実は私にも何人かいます。記憶を探ってみれば、おそらくあなたにも心当たりがあるはずです。

この向井くんの事例は、営業担当者に置き換えても同じです。

いろいろなところに足を運んだり、たくさんの人と会ったりしたところで、**あなたが相手に覚えてもらえていなかったら、あなたは相手の世界に存在していません。**その相手に紹介をしてもらえることもありません。

最低限、相手の印象に残っていることが紹介発生の前提になるというのは、そういう意味です。

ちなみに、**紹介者にネガティブな第一印象を与えてしまった場合であっても、覚えてもらえていないよりはよほどマシ**です。

先ほどの例で言えば「ヘンタイの斉藤」は、マイナス評価ではあっても、少なくとも相手の世界に存在できています。

「同級生の向井が人命救助で表彰されたらしいよ」というニュースを聞いても、「誰だっけ？　それ」で終わってしまうのに対し、「斉藤が人命救助で表彰されたらしいよ」と聞いたら、「え！　あのヘンタイが!?　意外といいヤツなんだな」などと好感度が上がることさえあります。

「私、ヘンタイが好きなの」という女の子が万々が一現れた場合には、紹介してもらえる可能性もあります。

紹介の「前提」として考えれば、以下のような関係があるのです。

よい印象　＞　悪い印象　＞＞＞＞　覚えてもらえていない

印象に残っていない時点で営業担当者としては存在してないのと一緒。「負け」が確定している状況なので、そうならないように立ち回りましょう。

訓練次第で身につけられるところから、確実にクリアしておきたいところです。

前提が足りていなくても挽回可能！

反面教師を見て納得したところで、再度3つの前提を確認しておきましょう。

①Ｆｏｒ Ｙｏｕの精神を持っていること（誰かのために動ける人）
②仕事の質が高い「仕事人（プロ）」であること
③紹介者の印象に残っていること

この3つの前提を満たしていないと、紹介してもらおうとしても、なかなかしてもらえませんし、仮に形式的な紹介をしてもらっても意味がなく、結果につながりません。

逆に言えば、**自分に足りていない前提がどれかを自覚し、それらを改善して3**

つすべての前提を満たせれば、おのずから紹介が舞い込んでくるようになります。

その状態を目指していきましょう。

ポイント

「For Youの精神を持つ」

「仕事人（プロ）として高レベルな仕事をする」

「紹介者の印象に残る」

――この3つの前提が揃っていると、紹介が発生しやすい。

回せば回すだけ成約が出てくる「紹介ガラポン」の仕組み

回すと一定確率で当たり（成約）が出る

3つの前提が揃ったら、「本物の紹介」を得る下地はできています。

次は、実際にどのように紹介を得ればいいのか見ていきましょう。しかも**1回の紹介だけで終わらず、次々と新しい紹介を得るための「仕組み」**を構築するにはどうすればいいのか、具体的に解説していきます。

まずは次ページに全体像を図示します。

図3　紹介を生み続ける「紹介ガラポン」の仕組み

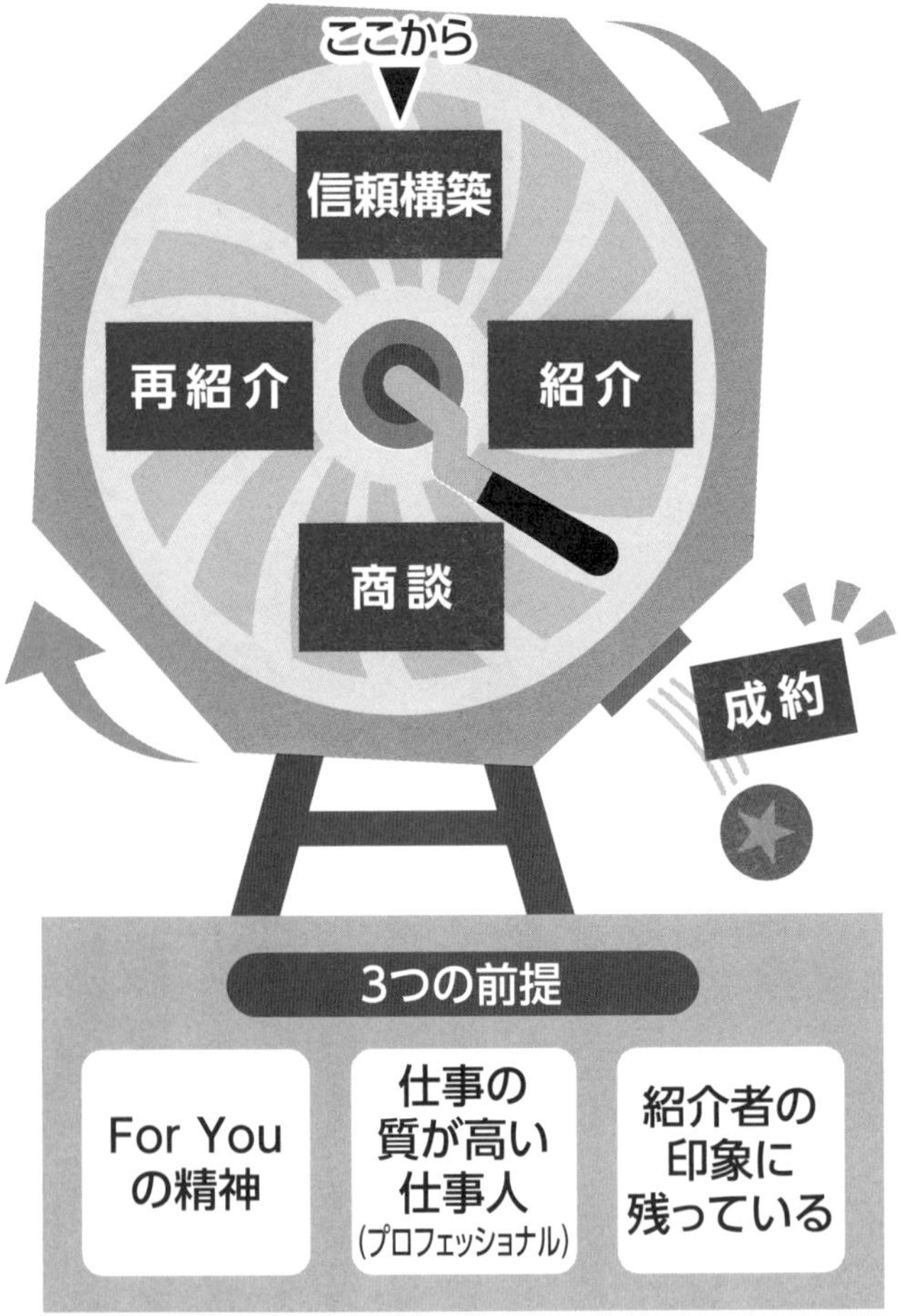

この一連のサイクル（**信頼構築→紹介→商談→再紹介**）は、一度構築できれば、あなたが望む限り何度でも回すことができます。サイクルが回るたびに新しい紹介が生まれ、そこから商談を経て、一定確率で成約が飛び出してきます。

その様子が商店街などでの懸賞《けんしょう》イベントに使われる「ガラポン」に似ていることから、「**紹介ガラポン**」と名づけました。

以下、各ステップについて詳しく見ていきます。

前提ができていれば、あとはもう1割の努力だけ

まず、紹介ガラポンを回すのに3つの前提が必要であることは、ここまでに述べてきたとおりです。

この部分の重要性は圧倒的で、個人的には**前提さえきちんと満たすことができていれば、やるべきことの9割はできている**と思っていいだろうと感じています。

紹介された相手だから「信頼構築」は簡単

前提を満たしたあとに、最初に取り掛かるべきは**「信頼構築」のステップ**です。

ビジネスにも役立つ「本物の紹介」をしてもらうには、紹介者と被紹介者の間に信頼関係が存在しなければならないことはすでに指摘しました。

その必須条件である信頼を、紹介者との間に築き上げるステップです。


この信頼関係は、**最初期の段階ではあなたが今後ビジネスパートナーとして一緒に働いていきたい人、できれば以前から知っている人との間で築きはじめる**のがいいでしょう。

最初からある程度、信頼関係が存在しているからです。

私の場合も、異業種の企業で営業の仕事をしていた以前からの友人が、最初の仲間でした。

仲間づくりのノウハウについては次章でも詳しく述べますので、詳細はそちらに譲ります。しかし、**同じ方向性で将来を語れるような気の置けない仲間とチームを組み、そこでの信頼関係をベースにして、お互いに自分の知人や友人、既存のお客さまなどを紹介し合うところから「紹介ガラポン」を回しはじめるのが、現実的なはじめ方**と言えるでしょう。

そして、継続的に紹介が発生しはじめたら、今度は紹介された人や、そのなかから成約したお客さまとも、それぞれのチームメンバーが信頼関係の構築をして、彼らにも紹介者になってもらえるよう努力していきます。

ちなみに、新しく知り合った人と信頼関係を築くと言うと難しく思えますが、**紹介の場合には、実はそれほど難しくない**ことが多いです。

あなたともう1人の被紹介者は「はじめまして」の関係ですが、すでに共通して信頼関係を築いている紹介者の「お墨つき」な相手なので、お互いに変な人ではないと安心して接することができます。

たいていは紹介者自身もその場に立ち会い、最低限の紹介をして間を取り持ってもくれますから、いわゆる「友達の友達」に会うような気安さがあります。紹介者との関係という共通の話題があるので、話しやすさもあります。

加えて、みなさんのような営業担当者の場合には、あなたの売っている商品がもう片方の被紹介者にもきっと役立つ、と紹介者が思っているからこそ紹介してくれているので、相手のニーズも明確でなおさら話が盛り上がりやすいのです。

「その場限りの人間関係を新たに築く」のではなく、「信頼の置ける人間関係の範囲を少しずつ広げていく」感じなので、初対面の相手に見せる取り繕《つくろ》ったあなたになる必要はありません。

本来の自分らしく振る舞うだけで、勝手に「質の高い名簿（人脈）」が増えていくでしょう。

「商談」もイージーモード

紹介で実際に新しい見込み客と対面する機会を得たら、押しつけがましくならないように**「商談」をするステップ**に入ります。

ここでは、**次の紹介にもつながるように自分を相手に印象づけることを意識し**てください。そのための具体的なノウハウは第3章や第4章で詳述します。

ただ、ここでもさほど心配はいりません。

紹介ガラポンを回して得た**「本物の紹介」で会った相手との商談は、成約率が異常に高い**からです。

出会った時点から、お互いにある程度の信頼感があり、また、そもそも相手にあなたの商品へのニーズがあるから紹介者が紹介してくれています。

もし相手が「その商品は自分には不要だな」と思っているときには、そもそも紹介されるのを断ります。

そのため、**商談で相手がいま何を求めているのか、細かくヒアリングする必要性がそこまでない**のです。

もちろん私も最低限のヒアリングはしますが、大きな方向性としては、すでに紹介者から話を聞いて、内心購入を決意した状態か、最後の決断に少し迷っているくらいの状態で紹介の場に相手がやってきます。

結果、紹介で会った見込み客との商談は**約9割が成約に至る**という驚異的な成果を、実際に私は叩き出していますし、私の勉強会のメンバーも同様の成果を得ています。

過去イチに短時間で成約した事例

事例を1つ紹介しましょう。

一緒に「紹介ガラポン」を機能させているチームメンバーとのゴルフの機会を利用して、見込み客の紹介をしてもらったことがあります。その日は8人でのゴルフだったので、集合したあと4人ずつの2組に分かれてラウンドしました。

私は集合場所で新たに紹介してもらったAさんにご挨拶をし、名前程度の自己紹介だけしました。しかし、あいにくと組が分かれたので、それぞれに普通にゴルフを楽しみ、昼食時も含めてAさんとは一切会話する機会がありませんでした。

ゴルフが終わり、全員が集合場所に戻ってきたとき、Aさんがトコトコと私のところに近づいてきてこう言いました。

「カミザネさん、ぜひ私の担当（顧問）になっていただきたいです。今度、ぜひお時間をください」

これには、さすがの私も衝撃を受けました。まさか、自己紹介の次の言葉が「担当になってください」だなんて！

当然、Aさんとの商談は成約となり、いまでもよい関係が継続しています。

この例はさすがにできすぎですが、「紹介ガラポン」の仕組みがうまく機能すると、このように最初から契約したくてたまらない状態のお客さまを紹介してもらえることも少なくありません。

売り込むスタイルのときの商談と比べ、腹の探り合いによる精神的なストレスもほとんどなく、むしろ**相手から求められる立ち位置で仕事ができます。**

「再紹介」依頼で紹介ガラポンをもう一度回す

紹介された相手と商談をし、**うまく成約できたら、そのお客さまと継続的にお付き合いを続け、信頼関係を築いて次の紹介者になってもらいます。**

「もし、今回の商品にご満足いただけたなら、同じようなニーズを抱えている方をどなたか紹介していただけませんか？　できれば、コレコレこういう方を紹介してほしいのですが……」などと、紹介してほしい相手の条件をしっかり伝えつつ、新たな紹介を依頼するのがコツです。

3つの前提の2つ目に挙げたように、あなたが自らの商品の質を仕事人（プロフェッショナル）の域にまで高めていて、また、他の前提も満たしていれば、お客さまがあなたやあなたの商品を自分の友人・知人に紹介しても信用リスクが少ないと判断し、次の紹介へとサイクルが回るでしょう。

つまり紹介ガラポンがもう1回転しはじめるというわけです。

あとは**このステップを、自分が「本物の紹介」をほしいだけ回し続けます**。

それにより新しい人脈や見込み客が増え続けますし、その多くが成約します。またさらにその一部は、一緒に紹介ガラポンを回すチームの仲間にもなってくれるでしょう。チームのメンバーが増えれば、それだけ紹介の数も増えます。

ちなみに、**紹介してもらった見込み客とうまく成約しなくても、それらの人た**

ちともよい関係を続け、可能であれば別の紹介につなげていきましょう。

自分は成約しなくても、もっとニーズが合致しているチーム内の別メンバーにあなたが紹介する、ということもできます。

紹介の基本的なメカニズムを踏まえ、どんどん連鎖的に紹介を生み出していくこの仕組みこそが、本書で私が伝えたいノウハウの中核です。

みなさんにも、ぜひ「紹介ガラポン」を構築してもらいたいと願っています。

ポイント

3つの前提を満たした状態で信頼構築をし、見込み客を紹介してもらったら、その新しい人脈とも信頼構築をして、連鎖的に紹介を発生させるのが「紹介ガラポン」の仕組み。

足りない部分を修正すればいいだけ！

よくあるアドバイスの落とし穴

ここまでに解説してきた「紹介の基本的メカニズム」や、紹介を受けるのに必要な前提、それらを踏まえた紹介ガラポンの仕組みを理解すると、なぜ、多くの営業本で示される「紹介を受ければすべてOK！」といったアドバイスの多くが、あまり役に立たないのかも理解できます。

要するに、**「紹介」は成約へと行き着くまでに必要となる何段階かの営業プロセ**

スのなかで、わかりやすい1ステップにすぎないのです。

たしかに大事なステップではありますが、紹介以前にも最低限満たしていなければならない「前提」をクリアしなければなりませんし、紹介者に信用してもらうための「信頼構築」のステップも必要です。また、紹介のあとにも「商談」のステップがあります。

世の中にあふれる〝紹介に関するアドバイス〟を参考にしたいときには、この点について理解しておく必要があります。つまり、その人が「紹介」のステップで何をしているかだけではなく、それ以前のステップや、紹介以後のステップでどんなことをしてきたのか／しているのかまで、**すべてをひっくるめてマネしなければなりません**。

それができてこそ、真の意味でそれらのアドバイスを実践できたことになり、結果も伴ってくるはずです。

あるいは前提や信頼関係構築の部分で、そのアドバイスをした人にしか実践できないような内容がある場合には、残念ながらそのアドバイスはあなたの役に立たない、ということが理解できます。

改善事例をいくつかご紹介！

これは、**一連のステップのなかで自分がいまできていないものがあったとしても、その部分を改善してできるようになれば、あなたも紹介ガラポンを回せるようになる**ということでもあります。

実際にすでに何人もの方が、私の勉強会を通じてその方々なりの仕組みをつくり、高い成果を安定して出しています。

実際の事例を3つほど紹介しておきます。

●ガッツマンのZさんの場合

私の勉強会に参加しているZさんは、ブラック気味のメーカーの法人営業から、中途で保険営業に転職した方です。

彼が保険業界に転職したての28歳のころ、近くで見ていてものすごく苦しそうでした。

Zさんはブラック企業出身のガッツマンでしたから、非常に多くの行動量で毎日努力していましたが、いかんせん、思うように成約につながりません。紹介もなかなかしてもらえず、Zさんの行動量に比例してどんどん行き先(見込み客リスト)がなくなっていき、不安に駆られていました。

もともとZさんは、典型的な「勉強はしないけれど行動量が多いタイプ」でした。しかし頑張っているのに成果が出ず、ついには見込み客リストが尽きてしまったことをきっかけに、私の勉強会に参加するようになったのです。

勉強会で3つの前提の重要性を理解したZさんは、持ち前のガッツが「勉強」へと向き、どんどんポイントを押さえた営業活動ができるようになりました。商談の打率も上がっていきます。

最終的には、当初の3分の1の稼働時間で、当初の3倍の収入が取れるようになりました。効率で言えば9倍の営業効率で仕事ができるようになったのです。

超エリートだったAさんの場合

Zさんとは真逆のタイプのAさんは6大学出身。大手証券会社グループの総合職として勤務していた、大人しくて頭がよい「超エリート」タイプです。

そのため、Aさんの金融知識と、この業界への理解はまさに一級品。「これだけの金融への知識と理解があれば、必ず成功できるだろう」とまったく疑わずに、27歳から保険の営業担当者に転身したそうです。

ところが2年間頑張っても、まともな成約はほとんど取れませんでした。歩合制の年収も新卒のサラリーマン程度。

生活はカツカツで、貯金も底を尽きそうな状況となり、「これはまずい！」

と30歳になるころに私たちの勉強会に参加してくれました。

当初からAさんは商品に関する説明や解説は完璧でした。商品の本質まで理解していたのです。

しかし、残念ながら相手（お客さま）がどう思っているのか、いま何を求めているのか、といった点には目が行き届かず、相手にはお構いナシに自分の考えを喋ってしまうタイプでした。

表情も硬いし、話も理知的ではあるものの面白くなく、「お客さまと打ち解けるために、お酒でも飲んでから商談に行ってきたら？」と冗談を言ったこともあるくらいでした。

私たちの勉強会で、少しずつ「聴く」姿勢を学んだり、相手の心情に配慮した表情などを学んでいった結果、約1年後の31歳になるころから、Aさんの「紹介ガラポン」が機能するようになりました。

成約後に家族や知人を紹介してくれるお客さまが増え、自分でもコミュニティをつくれるようになり、ついには年収も1000万円を超えて、生命保険や金融サービス事業のプロフェッショナルとして認められないと入会できないMDRT〔Million Dollar Round Table〕の会員にもなりました。

前提が少し足りなかっただけのNさん

国立大学出身の若手で、不動産（居住・投資用マンション）の営業職に就いたNさんという方がいました。

Nさんは新卒のころからすごく対人の印象がよく、仕事もできそうな見た目で、よい意味でいわゆる「不動産屋」っぽくない男でした。

そんなNさんの唯一の弱点が、人脈や自分のコミュニティがないことでした。

投資用不動産の営業の場合、金融機関からの与信の関係で、通常は年収500万円以上の方でないと見込み客になりません。

しかし、Nさんはまだ大学を卒業して間がなかったので、周囲にいるのはかつての同級生や若手の社会人ばかり。そこまでの年収を稼いでいる知り合いやつながりは少なく、営業する相手に困っていました。

最初は会社の先輩から何人かの見込み客を紹介してもらえたそうですが、そこから次の紹介につなげることができず、自分では仕事が取れなかったそうです。「1年目だから許されているけれど、このままではまずい……!」と思ったNさんは、私たちの勉強会を訪ねてきました。

Nさんにはすでに、成功する営業担当者としての「3つの前提」がおおよそ揃っていました。そのため勉強会で足りない部分を学ぶと、すぐに自前の「紹介ガラポン」を機能させられるようになりました。

趣味で楽しんでいたダイビングのコミュニティや、プライベートでの遊び仲間などの人脈から、イベントを企画するなどして上手に見込み客を生み出していったのです。

ただイベントを企画しているだけの営業担当者とは違い、Nさんには「信頼」を含む前提が整っていたので、次々に紹介が紹介を生み、その後わずか1年で営業成績トップクラスになりました。

1回だけ、たまたまナンバーワンを取ったわけではなく、毎年トップクラスの営業成績を安定して出し続けており、28歳で早くも管理職に就任しています。

ガラポンが回り出すまで、あとほんの少しかも？

Zさんにしろ Aさんにしろ Nさんにしろ、私たちの勉強会の扉を叩いた当初は、お世辞にも「前提がすべて満たされている」とは言えない状態でした。

もちろん、それぞれにできている部分もありましたが、欠けている部分が足を引っ張る形で結果を出せていない状態でした。

しかし、足りていない部分を補ったことで、紹介をたくさん得て、不安なく仕事に専念できる状態へと変わりました。

これを読んでいる**あなたも、いまの状態が不本意なものなのであれば、それはどこかの前提やステップが足りていない**だけです。

その部分だけ修正すれば、これまでの自分では考えられなかったような成果が上がりはじめるはずです。

もし、**すでに多くの前提が備わっているのなら、ほんの少し努力するだけで「紹介ガラポン」が回りはじめる**でしょう。

できていなかった前提やステップを1つずつできるようにしていくこと。

これこそが、いちばん結果が出る方法です。

あなたも前提を整えて自分の紹介ガラポンを回し、安定して長く成長ができるワークスタイルを手に入れましょう。

ポイント

一連の前提やステップのどこか1つでも欠けていれば、仕組みはうまく回らない。どこが欠けているのかを見極めて修正しよう！

第1章まとめ

▶多くの営業本のアドバイスが効かないのは、前提が違うから。逆に言えば、前提が揃えば結果も変わる。

▶紹介営業ができれば強いが、紹介は紹介者にとって大変信用リスクが高い行為。信頼関係があるときにしか発生しないことを理解する。

▶紹介を受けるための「3つの前提」がある。
- For Youの精神を持っている
- 仕事の質が高い仕事人（プロフェッショナル）
- 紹介者の印象に残っている

▶3つの前提を満たしたうえで、信頼構築→紹介→商談→再紹介のサイクルによる「紹介ガラポン」を回すと、紹介を連鎖的に発生させられる。この仕組みで得た紹介からの成約率は非常に高い。

▶いまはできていなくても、足りない前提やできていないステップを特定して改善すれば、誰でも自分の「紹介ガラポン」を回せるようになる！

第2章

紹介ガラポンはチームで回す！

「自分で営業しない」からよく売れる

途切れなく紹介を生むにはチームづくりが必須

前章で解説した「紹介ガラポン」を回し、継続的かつ安定的に紹介からの成約を生み出し続けるには、**お互いに紹介をし合うための仲間、チーム**が必要です。

成約したお客さまや、場合によってはそこまで至らなかった見込み客からの紹介の連鎖だけに頼っていると、一度、紹介が途切れるとそこで回転が止まってしまい、また最初の紹介を得るのに時間や手間がかかってしまいます。

それでは成果や収入が安定しません。途切れなく紹介ガラポンを回し続けるために、ニーズが合致する見込み客をお互いに紹介し合える仲間とチームをつくっていくべきです。

最初は少人数でもかまいません。少しずつ、チームを大きくしていきましょう。これができると、成約したお客さまが抱えている別のニーズを聞き出したり、強いニーズを抱えているお客さまの知人・友人がいないかを聞き出したりして、**新しい見込み客を適任のチームメンバーに紹介できるようになります。チームメンバー全員がこのアクションを相互に行うことで、途切れのない紹介の連鎖が実現する**のです。

そして、仕組みがうまく回りはじめると、紹介者となってくれる仲間も自然に増えていき、時間の経過とともにより強力なチームができ上がっていきます。

私の場合も、前述したように最初は１人のビジネスパートナーとタッグを組んだところから始まりましたが、いまでは税理士など士業の方々や、経営者など幅広いビジネスパートナーが増えており、互いに相互送客ができています。

自分で営業するより信頼される

チームでメンバー同士が紹介をし合うことには、単に紹介の機会を増やす以上の効果もあります。

端的に言うと、そうしたほうが**商談の難易度がグッと下がり、成約率が劇的に上がります。**

ラーメン屋さんを例にして考えるとわかりやすいでしょう。

ラーメン屋さんの店主が、自分で「ウチは日本でいちばんおいしいラーメン屋です！」とアピールしていたとしても、私たちお客はまったく信用しません。

飲食店が自店のことを悪く言うことはまずないでしょうし、「自店でラーメンを食べてほしい！」というお店側の意図が見え見えだからです。

図4 第三者情報のほうが強い!

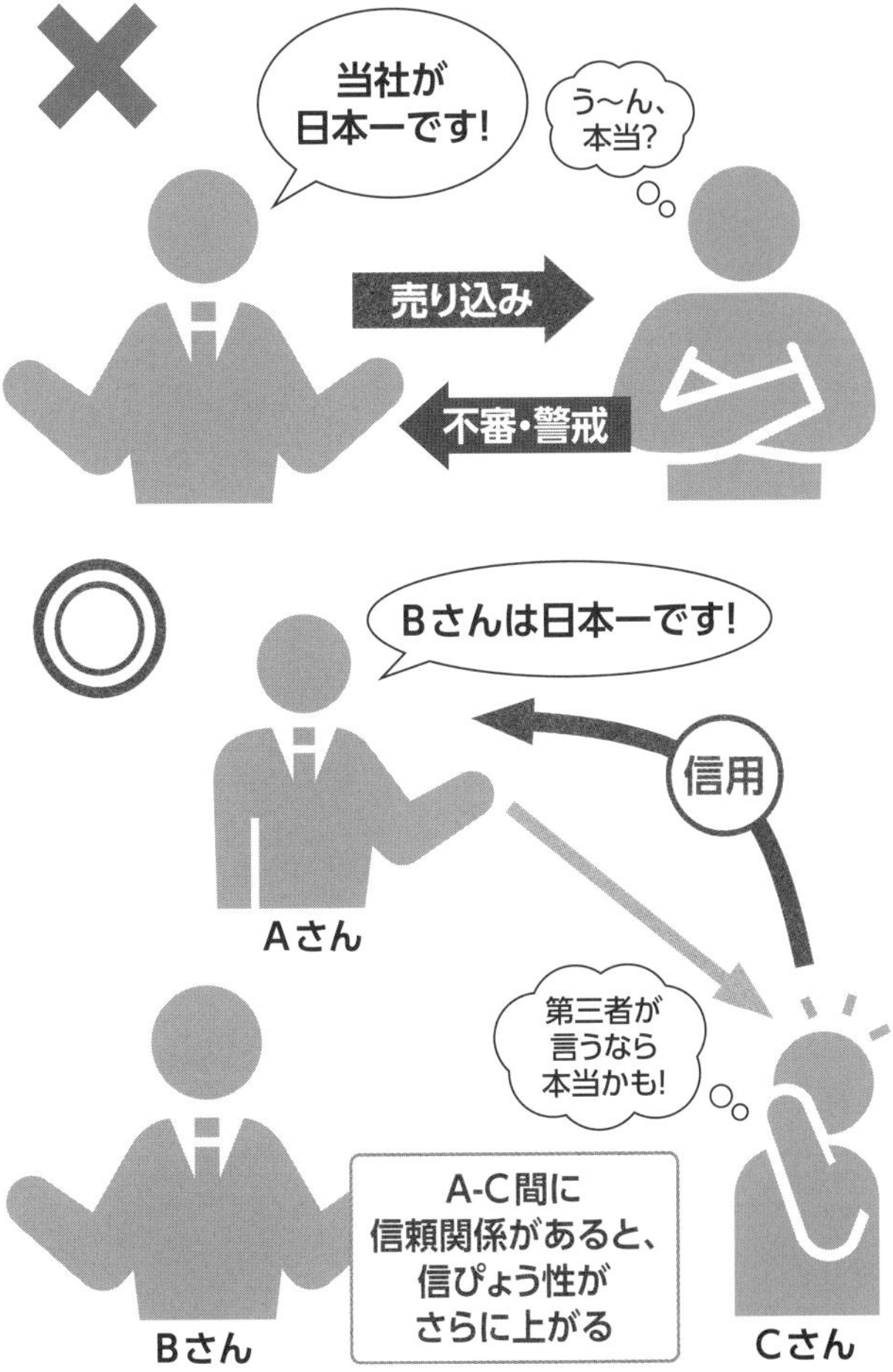

もし、本当に日本でトップクラスにおいしいラーメン屋さんだったとしても、この内容ではただの宣伝文句にしか聞こえず、お客さまの心に響きません。

一方で私たちは、ラーメンが食べたくなったときに、どのお店で食べるかを「食べログ」や「グーグルマップ」「Instagram」といったユーザー生成系のサイトに記載されている★の数や、口コミのコメントを参考にして決めることがよくあります。

誰がレビューしたり、コメントしたりしたのか不明で、それらの人がラーメンに詳しいかどうか、また味の好みもわからないのに、その内容や星の数に大きな影響を受けることは決して珍しくありません。

これは、ラーメン屋さんが自分で宣伝するのではなく、関係がない匿名の投稿者がなんの遠慮も忖度《そんたく》もなく、素直に自分の感想を記していると利用者に思われているために、ユーザー生成系サイトの情報の信ぴょうが増しているのです。

そうした**第三者的な視点からの情報を、事業者本人が発する情報よりも信頼し、同時により大きく影響される、**という傾向が人間にはあります。

この傾向は、広告や広報PR、マーケティング、ブランディングなどの分野でも大いに利用されています。

仲間が営業→紹介という仕組みだから、成約率も高くなる

仲間を増やしてチームをつくり、そのなかで紹介し合うことで、これらユーザー生成系サイトの情報と同じ効果を期待できます。これは、非常に大きいです。

考えてみてください。

私たち自身、誰が書いたかわからないような口コミは参考にするのに、ラーメンのプロであるお店側が発信する情報はあまり信用しません。

みなさんの本業である営業の仕事でも同じです。

「その道のプロ」であるあなたが、どれだけ熱心に自分の商品の魅力を伝えたとしても、見込み客にとってそれは、自分の店に来てほしいラーメン屋さんが、自分で「ウチは日本一おいしいよ！」と必死にアピールしているのと同じようにしか聞こえないでしょう。


そんな無駄な努力に時間やエネルギーを費やすのは、もうやめましょう。

最終的な意思確認や契約などのクロージングを人任せにすることはできませんが、その前段階で**あなたの商品を認知してもらったり、競合商品のなかから選んでもらったりする段階では、売るのはあなた自身ではなく、別の誰かであるべき**です。

そのほうがお客さまは信頼するし、影響されるからです。

誰が書いたかわからない、ステマコメント（ステルスマーケティングによるコメント）が混入しているかもしれない情報にさえ大きな影響を受けるのです。その第三者的な意見や感想、「オススメ」や「紹介」が、そのお客さまが信頼している友人や知人からのものであれば、さらに大きく購買行動に影響します。成約率が高くなるわけです。

自分の商品については、紹介されてお客さまに直接お会いするときにごく簡単に説明するくらいで、あとは最終的な意思確認だけにする。

むしろ、チームの他メンバーの商品について説明して、お客さまに買う気があれば紹介する。

そのお礼に、他のメンバーは、あなたが売っている商品を見込み客に説明し、買う気がありそうであれば、あなたに紹介してくれる。

こうした形で「**チーム営業**」を行うことで、より効果的にお客さまの購買心理を刺激しながら、紹介を途切れなく生み出し、そこから簡単な商談を経て高確率で成約を生み出していく――これこそが、「紹介ガラポン」の真骨頂です。

ポイントを押さえて実施しないと成果は出ない

一連のチームの動きをもう少し細かく分解すると、以下の3ステップに分けられます。

【ステップ1】異業種のビジネスパートナーと手を組んでチームに加える
【ステップ2】人と人が出会う（遊びや食事などの）場をつくる
【ステップ3】お互いの見込み客に、お互いの仕事・商品を紹介し合う

一つひとつのステップの内容は、これまでも多くの営業本で提唱されてきたことと同じであり、目新しさがないように映るかもしれません。

しかし、それぞれにコツがありますので、以下本章で詳しく解説していきます。

似たようなことはすでにしたことがあるけど、成果が出なかったという人は、どこかに欠けているところがあったのでしょう。しっかりポイントを押さえて実践すれば、きっと大きな違いが生まれます。

実際に私も、この方法で成果を出していますし、勉強会の生徒さんたちのなかにも、多くの実績を出す方が続出しています。参考にしてください。

ポイント

チームで紹介し合うことで、途切れなく紹介を連鎖させられるほか、自分で商品を売り込まないことで、むしろ売れやすくなる。

一緒に紹介ガラポンを回せる「コアメンバー」の探し方

誰を仲間に入れるかにはこだわりましょう！

早速、１つ目のステップ「異業種のビジネスパートナーと手を組んでチームに加える」を行う際のコツを解説します。

このステップでは、**どんな人をビジネスパートナーとして選ぶか**、という点が重要です。具体的には次のような人を選びましょう。

逆に言うと、次に挙げる各要件を満たしていない人を、紹介ガラポンを一緒に回すチームのメンバーとして選ばないことが大切です。

条件1 自分と仕事が被っていない（異業種の）営業担当者
条件2 仕事（もしくは生き方）のビジョンが一致している人
条件3 「紹介ガラポン」の仕組みについて納得できている人
条件4 好きになれる（親切にしたくなる）人
条件5 「3つの前提」ができている人

これらの条件を満たしたビジネスパートナーのことを、私は「**コアメンバー**」と呼んでいます。

複数のコアメンバーと一緒にチームを組み、機能させることができれば、見込み客がたくさん集まってきますし、紹介も途切れなくなります。

そこから成約につながったお客さまのなかに、これらの条件に当てはまる方がいれば、声をかけて新たなコアメンバーになってもらうこともできます。

コアメンバーが増えれば増えるほど、そのチームで回す紹介ガラポンの回転スピードは加速して、次々と成果をアウトプットしていくでしょう。

（なお、最終的に「もう十分！」となったときには、紹介を一時的に断り、別のメンバーや会社の後輩などに機会を譲ればいいだけです。）


ただ人を増やせばいいわけではありません。信頼関係ができていないメンバー同士のチームやパートナーシップは、すぐに崩壊してしまうからです。

「異業種で仕事ができそうな人だ！　手を組もう」とか、「仕事に対する姿勢は正反対だけど、個人的にウマが合う人だから手を組もう」などと、上記の5つの条件が1～2個当てはまっただけで、すぐにその人と手を組もうとするのはお勧めしません。

あくまでも5つの条件すべてに当てはまる人とだけ、チームを組むようにしてください。

中途半端にチームをつくりはじめるとたいてい失敗する

私は「長く、楽しく、安定して仕事を続けたい」という目的のために行動し、何度かの失敗も含めて試行錯誤した結果、前掲した5つの条件にたどり着きました。

もし、私の目的が「簡単に仕組みをつくりたい！」というものであれば、誰でもよいから異業種の人と手を組めば、明日にでも相互紹介をはじめることができたでしょう。しかしその場合、紹介が発生することはするのですが、なかなか成約までつながらないのです。

実際、何度かそのような紹介をいただいた経験もありますが、完全な信頼がない関係での紹介には、まったく効果がないことをつくづく思い知らされました。

はじめのうちはうまくいっていても、続けていくうちにどちらか一方にしか利益が出ないことが判明したり、その結果、自然消滅したり、甚だしくは相手に裏切られて見込み客だけ奪われたりして、協力関係が崩壊してしまうのです。

わざわざつくった協力関係が数か月で崩壊してしまったら、また1からつくり直しです。

逆に、もしも一度つくった仕組みが半永久的に機能し続けたら……？

その先に最高の営業人生をイメージできた方は、「最初の1歩」にこだわることをお勧めします。

実際、**5つの条件を満たすコアメンバーと一緒につくる「紹介ガラポン」は、長期間にわたって機能し続けます。**

私の場合も、9年前に完成させた仕組みがいまだに機能しており、いまも拡大を続けています。成約が取れない・続けられないといったたぐいの不安とは無縁の生活を送れています。

みなさんも、ぜひ信頼できるメンバーとチームをつくっていきましょう。

条件1 自分と仕事が被っていない（異業種の）営業担当者

これは、当然の条件ですね。

さすがに**同業種で、直接のライバル企業に所属している営業担当者同士がチームを組んだら、トラブルが続出してしまいます。**

たとえば同じ賃貸不動産業の営業担当者2人でチームを組んで、「来月、引っ越しをしたいです」というニーズを持った見込み客の方が1人現れたら、どちらと契約するかで揉めてしまいます。

お互いが譲り合いの精神を持っていたとしても、お客さま目線でも「どちらかと契約すると、どちらかに申しわけない」という心理が働きますから、お客さまのほうが困ってしまいます。

さらには法的に、営業秘密の漏洩や利益相反などを所属先企業に疑われる危険もあるでしょう。

ということで、**異業種の方と手を組みましょう**。

保険の営業担当者であった私が最初に組んだコアメンバーも、異業種であるシステムエンジニアの派遣会社の方でした。

ただし、同業種であっても次のような場合には、顧客やサービスが被らないので、コアメンバーの候補に入れることが可能です。

○同じ保険営業の担当者でも、損害保険を取り扱っている営業担当者と、生命保険を取り扱っている営業担当者

○同じ保険営業の担当者でも、個人向け商品を扱っている営業担当者と、法人向け商品を扱っている営業担当者

○同じ個人向け不動産の営業担当者でも、居住用（賃貸用）物件を扱っている営

業担当者と、投資用不動産を扱っている営業担当者
……など

このように**細かく見たときに顧客やサービスが被っていないのであれば、コアメンバーの候補として考えても大丈夫**です（とはいえ、ケース・バイ・ケースではありますので、自社の就業規則やその他の事情なども考慮し、最終的には各自で判断してください）。

上記の例であれば、たとえば賃貸不動産を契約してくれたお客さまに対して、次はコアメンバーが扱っている損害保険（火災保険）を紹介したり、保険を契約してくれた法人顧客の担当者に対して、次は別のコアメンバーの扱っている個人の保険を勧めたりできます。

異業種の営業担当者と組む

もう1つ、前提として**異業種の「営業担当の方」と組みましょう**。

いくら異業種でも、たとえば経理職の方と組んだところで、先方にビジネス上のメリットがありません。あなたがいくら人を紹介しても、相手がその出会いを自分の仕事に活かすのは難しいでしょう。

逆に自分にとっても、そのような人にしてもらった紹介は、前提としている知識や常識などの差が大きいのでなかなか成約につながらず、結局のところ長続きしません。

相手に人を紹介すれば、お互いに見込み客になる関係、つまりは営業職同士でチームを組むことが原則です。

なお、営業担当者でなくても、**企業の社長さんや役員さん、あるいはフリーランスや個人事業主の場合は、自社商品の営業もすることがありますので、この条件に合致する**と考えて問題ありません。

先ほど紹介したシステムエンジニア派遣会社に所属していた私の最初の仲間も、その会社の役員さんでした。

のちに、その会社の営業担当者の方にもコアメンバーになってもらい、お互いに勝たせ合うチームをつくっていきました。

お互いがお互いの紹介をすることで、どちらも「勝ち」が近づく人とチームを組むことが大切です。そうして、お互いに勝たせ合いましょう。

後述しますが、相手を勝たせて、さらに勝たせて、勝たせまくることで、巡り巡って自分も勝てるというメカニズムが働きます。

そのメカニズムを働かせるためにも、**コアメンバー同士で「勝ち」の定義が一致していなければならない**のです。

条件2 仕事（もしくは生き方）のビジョンが一致している人

仕事に対する熱量や、どういう雰囲気で仕事をしていきたいか、もっと言うとどのように生きていきたいかなど、みなさんそれぞれに考えがあると思います。

あなたが何を大事にしているか、あなたはどういうふうに考えて生きている人かなど、それら「価値観」のようなものをここでは「**ビジョン**」と呼びます。

「どうせやるなら、完全にやり切ったと言えるような仕事をしてから死にたい」

という方もいれば、

「楽しく、ラクに、常に笑いながら仕事をしていたいよね」

という方もいます。あるいは、

「仕事はあくまで人生の一部なんだから、プライベートを充実させたいよね」

……などなど、人それぞれでしょう。

あなたの人生なので、あなたが大事にしたいものを大事にしていただければ、それでOKです。

ただし、1つだけ重要なことがあります。

営業担当者として「紹介ガラポン」のチームをつくりたいのであれば、**あなたのビジョンとコアメンバーのビジョンは一致している必要があります。**

少なくとも大きな部分では共通していたり、同じ方向性を向いていたりしなければなりません。

ビジョンはどのようなものでもよいのですが、ビジョンが一致していないビジネスパートナーと仕事をするのは大変です。

たとえば「休みを返上してでも、今年中に歴代最高の成果を上げたい」と思っているあなたが、「今年は新婚ホヤホヤなので、仕事は適当に週2日くらいで終わらせて、毎週5日くらいを使って奥さんと日本中を旅したい」と思っているパートナーと手を組んでも、お互いの目的を果たせないことはイメージできますよね?

あなたの希望に寄せてたくさんの会を企画し、たくさんの人を紹介し合って、たくさん成約し、お互いに忙しくなったら、あなたは成果が上がって満足ですが、そのビジネスパートナーは奥さんとの時間を過ごせず、不満を抱えてしまいます。

逆にパートナーの希望に寄せて、たまに会を企画して紹介し合う程度に留めたら、パートナーは奥さんとの時間が増えて満足でしょうが、もっとたくさん仕事をして成果を上げたいあなたからすると、大いに不満です。

互いの仕事に対する熱量や価値観、つまり「ビジョン」は、ある程度は一致していないといけないいのです。

お互いのビジョンを細かいところまで伝え合い、ときにはお互いに妥協してすり合わせながら、チームをつくっていくことが求められます。

「ここは、もう言わなくてもわかってるよね」とか、「彼は、きっとこのことを大切に考えているのだろう」というふうに、**自分の頭のなかで相手のビジョンを勝手に決めつけるのはNG**です。

お互いに言葉にして言語化しないと、突っ込んだところまでビジョンを共有することはできません。その都度、確認していきましょう。

「こんなはずじゃなかった」とあとから関係が崩れるようなら、最初からやらないほうがマシという場合もあります。

楽しい場は楽しく過ごして、商談は別の日にしたいあなたが、パートナーから楽しむための場で熱心に見込み客の紹介を受けたら、たとえそれがパートナーの善意によるものであっても、あなたは負担や不快感を感じてしまうはず。

こういった「ありがた迷惑」な結果は、お互いにとって非常にもったいないものです。せっかく取り組むのなら、一生続けられる長いお付き合いを前提にしましょう。

お互いが何をしてほしい、何をしてほしくない、何を大切にしているのかなど、**事前にビジョンを共有し、大筋で合意できる人だけをあなたのコアメンバーにしてください。**

私の場合も、最初のコアメンバーとは仕事に対するビジョンがかなりの程度まで一致しているのを確認してから、チームを組みました。

「もっとこうしたいよね、ああしたいよね」といったビジョンを以前から語り合っていた仲間であり、そこから一緒にチームづくりをスタートさせたので、はじめからお互いのビジョンを理解していたのです。

そのためとてもやりやすかったのですが、それでも一緒に動いていくなかで違いが判明したことも多く、その都度、お互いのビジョンを再共有してすり合わせ、尊重し合いながら進んだ結果、機能的なチームと「紹介ガラポン」の仕組みづくりに成功できました。

条件3 「紹介ガラポン」の仕組みについて納得できている人

これも非常に重要な条件です。

半永久的に紹介が続くような「紹介ガラポン」を構築したいのであれば、**これから一緒にチームを組む相手にも、紹介ガラポンの仕組みに対する理解や納得がなければ望む結果は得られません。**

私の場合は、まだ仕組みづくりのメソッドが確立していないところから手探りではじめましたから、成功と失敗を繰り返しながら、どのような方法であればうまく紹介が続くのかを、コアメンバーたちとともにまさに体当たりでつくり出してきました。

しかし、本書を読んでいるみなさんにはその必要はありません。

再現性が高い仕組みをつくるコツは、この本に余すことなくすべて書いています。そのため、**コアメンバーとして一緒に組んでほしい相手がいれば、この本を手渡して「この本に書いている仕組みを、あなたと一緒につくりたいんだけど、どうかな？　読み終わったら返事聞かせて！」と言うだけでOK**です。

結構な苦労をして仕組みづくりのメソッドを完成させた私からすると、この本を読んでいるみなさんが正直うらやましいです。

しかしこれこそが、私が本書を出版した最大の目的でもあります。

誰でも再現可能な、紹介の自動生成ノウハウ「紹介ガラポン」を言語化した本。

本書を活用して、経済的かつ精神的な豊かさを手に入れてください。

条件4 好きになれそうな（親切にしてあげたくなる）人

紹介で新しい見込み客の方と縁をつないでもらったとき、その新しいお客さまがさほど親しくない知人の、そのまた友人だった場合と、あなたの大親友の彼女（彼氏）だった場合とで、あなたの対応は変わるでしょうか？

変わらない、というのは理想論や建前で、実際には大きく変わるはずです。それは人間ならごく当たり前のことです。

知り合いの知り合いくらいのお客さまにも、当然そつなく対応するでしょうが、大親友の彼女（彼氏）なら、最大限の便宜を図ってより丁寧に対応するでしょう。

私だってそうします。

それを踏まえたうえで、考えてみてください。

紹介ガラポンの仕組みづくりが軌道に乗れば、今後、あなたはほかのコアメンバーから紹介された人たちを相手に仕事をしていきます。

このとき、**紹介者であるコアメンバーを万一あなたが好きになれなかったり、どうしてもウマが合わなかったりすると、紹介された見込み客への対応もそれなりなものになりがち**です。

……そしてこれが、非常に危険なのです。

紹介されたお客さまは、信頼している紹介者からお勧めされたので、あなたの商品やサービスに大きな期待をしています。

そのため、**あなたは期待に100％応えなければなりません。**少しでも期待を裏切ってしまうと、紹介者の信用にダメージを与えてしまいますし、紹介者からあなたへの信用にも傷がつきます。

そして実際、**あなたは100％どころか200％の満足感をお客さまに与えら**

れるよう自然に取り組めます。

なぜなら、あなたにそのお客さまを紹介してくれたのは、あなたが信頼していて人間的にも好きなコアメンバーだからです。

信頼している紹介者が、あなたにならこの人を紹介できると考えて縁をつないでくれたのですから、自然とその信頼に応えたい気分になりますし、丁寧に対応するようになります。

そうした姿勢で仕事をすれば、そのお客さまにも喜んでもらえますし、感謝の言葉をもらうこともできます。加えて、紹介者であるコアメンバーにも「紹介した人にしっかり対応してくれて、ありがとう！」などと言ってもらえます。

私にとってはこうした感謝の言葉が最高のご褒美だったので、紹介者（コアメンバー）のためにも２００％頑張り、常に責任感を持って丁寧な仕事をし続けることができました。

すると、自分のなかでも仕事に対する納得感や自信が生まれ、次の紹介をお願いするときの言葉であったり、自信に満ちた態度などにもつながっていきました。

全員が幸せな気持ちになることで、**ポジティブなフィードバックが発生する**わけです。

ところが、ここにウマが合わない、親切にしたくないコアメンバーが1人でもいるとどうなるでしょう？

そのコアメンバーから紹介されたお客さまに対しては、無意識のうちにあなたの仕事の質が下がってしまうかもしれません。適当な仕事をしてしまったり、お客さまの期待値以下の仕事しかできなかったとき、どうなってしまうでしょう？

——一発で、紹介ガラポンの仕組みが崩壊します。

逆の立場になって考えてみてください。

あなたがコアメンバーに大切な友人を紹介したら、雑な対応や仕事をされて、あなたの大切な友人がものすごく不快な思いをしたとします。

そんなことがあったら、もう二度とそのコアメンバーに紹介を回そうなどと思いません。

ビジネス上、仕方なく紹介をしなくてはいけなかったとしても、関係の浅い友人や知人を形式的に紹介するに留まると思います。

しかしそれでは、前述したとおり成約につながらない、「ただ紹介しただけ」のニセモノの紹介になってしまうので、次の成約には当然つながらず、「紹介ガラポン」の回転が止まってしまうのです。


実は、**この仕組みがずっと機能していくための根幹には、「紹介していただいたお客さまの期待に、完全に応え続ける」という前提が存在しています。**

しかし、人間ですから、「期待に100%（以上で）応えたい！」という仕事に対する姿勢を、誰に対しても持ち続けるのは困難です。

そこで**自ら環境設定して、環境の力で仕事への姿勢を維持するようにします。**

それこそが、好きな人や親切にしたくなる人だけをコアメンバーにする理由です。

私の場合も、最初のコアメンバーとは非常に仲がよく、もともと一緒にゴルフや食事をして、考えていることを遠慮なく言い合える間柄でした。

「彼と一緒に仕事ができたらいいなあ」とはかなり前から思っていましたが、異業種で最初は協業ができるとは思っていなかったため、ダメもとで彼に「自分が何をしてあげたら、仕事で助かる？」と聞いたのがすべてのきっかけでした。

「業界が未経験の人でもいいから、人柄のいい人で、うちの会社に興味がある人材がいたら紹介をしてほしい」と言われました。

「そのくらいであれば貢献できる！」と思った私は、彼の業界に興味があり、かつ人柄がよい人を紹介するところから、仕事としてのお付き合いをスタートさせたのです。その協業が次第に発展して、今日の「紹介ガラポン」の完成にまで至りました。

もともと好きだった仲間と一緒にはじめたので、彼から紹介されたお客さまには「絶対に彼の顔を潰さないぞ！」という思いや、「彼にも喜んでほしい」という思いが入り、自然といつにも増して丁寧に、真摯に仕事に取り組めました。

あとから振り返り、これも永続的に仕組みを機能し続けさせるための、必須の条件であったと認識することができました。

コアメンバーにはあなたの好きな人、親切にしたくなる人だけを選んで、全力で仕事ができる環境を自ら設定するようにしましょう。

その「環境」があなたの仕事の質を担保し、「紹介ガラポン」をずっと回し続ける原動力になるはずです。

条件5 「3つの前提」ができている人

第1章で、「3つの前提」ができていないと仕組みが成り立たないことを説明しました。これは**一緒にチームを組むことになるコアメンバーにも当てはまります。**

3つの前提のおさらいをすると、以下のとおりです。

① For Youの精神を持っていること(誰かのために動ける人)
② 仕事の質が高い「仕事人(プロ)」であること
③ 紹介者の印象に残っていること

これらの前提をすべて満たしていれば「紹介ガラポン」を回せます。増え続ける顧客リストや高い成約率、安定した成果を手に入れることができます。

では、どうしたらこれら「3つの前提」ができている人と手を組むことができるのでしょうか?

それは、**「あなた自身」がこれらの前提を完璧に身につける**ことです。

あなたができていないと、できている人とは波長が合いません。これらの「前提」ができている人は、できていない人を見抜くことができるからです。

あなたができていなければ、前提ができている人から見抜かれてしまい、手を組んでもらえません。逆にあなたができていれば、「前提」ができていない人を見抜くことができるので、変な人と手を組んでしまうこともありません。

あなた自身の前提ができていれば、前提ができている人と手を組める確率は格段に上がります。

まだ3つの前提の達成に自信が持てないという方は、まずは自分自身に意識を向け、本書でしっかり学ぶことが大切です。

ポイント
ステップ1で重要なのは、組む相手をよく選ぶこと。間違った相手をビジネスパートナーにしてしまうと、仕組みがうまく回らない。

既存8：新規2で何度も来たくなる場をつくる

イベントを企画しビジネス以外の人脈も呼び込む

コアメンバーと手を組むことができたら、実際の仕組みづくりに入ります。
先に述べたとおり、紹介ガラポンの仕組みは以下の3ステップで構成されています。

【ステップ1】　異業種のビジネスパートナーと手を組んでチームに加える

【ステップ2】 人と人が出会う（遊びや食事などの）場をつくる
【ステップ3】 お互いの見込み客に、お互いの仕事・商品を紹介し合う

このうち2つ目のステップは、**「人と人とが出会う場」をつくるステップ**です。

紹介は、紹介者が被紹介者を伴ってもう1人の被紹介者のオフィスを訪問したり、約束をして3人が特定の場所に集まったりして行うこともちろんできます。しかし、この方法だけだとビジネスの色が濃く、紹介者がより広い交友関係のなかにいる人たちを紹介しようとしたとき、うまく紹介の場を設定することができません。

そこで、**営業担当者がイベントを企画して、多数の人が気ラクに集まれる場を設定することで、仕事とは関係のない友人や知人、家族などを紹介者が連れてきやすくしましょう。**

多くの集客ができれば、一度にたくさん新規の見込み客の紹介を受けられるこ

ともあり、効率がよいというメリットもあります。

紹介による成約の割合が多い商品や業種では、こうしたイベント企画は比較的よく行われている取り組みです。紹介ガラポンの仕組みでも、こうしたイベント企画による「場づくり」を採用しています。

商売っ気を出しすぎると失敗する

最初に注意しておきますが、**このステップでは「商談をするための場」をつくるわけではありません**から、その点は誤解しないようにしてください。

コアメンバーと手を組んで、商談に直結する紹介だけをし合っていても、結局は成約につながりません。

商売っ気が前面に出すぎていると、イベントなどに参加した人たちもすぐに感づくので、警戒心が高まって参加者同士の信頼関係が築けないからです。

逆説的ですが、**商売はいったん忘れて、純粋に「人と人とが出会う場」をつくろうと心がけることで、より成約率の高い見込み客を紹介してもらえます。**

さらには成約したお客さまが再度、新しい見込み客を連れてきてくれるようにもなるのです。

具体的には、場づくりにおいて以下の4つのコツを意識しましょう。

【場づくりのコツ】

コツ①　相手の深いニーズを満たせる会を主催する

コツ②　会の人数比は既存8割、新規2割

コツ③　どんな人を呼ばないでほしいか、事前に決めておく

コツ④　商談や仕事の話をするまでに、複数回会うようにする

それぞれ、詳しく解説していきます。

場づくりのコツ❶ 相手の深いニーズを満たせる会を主催する

コツの1つ目は、来場者や参加者に「また来たい」と思ってもらうために、さらには信頼関係をより築きやすくするために、**呼ぶ人たちの「深いニーズ」に合った場を設定する**ことです。

人間には「**共通点があると心理的な距離が縮まる**」という心理傾向があります。より具体的で、深いニーズを満たすイベントを企画することで、そのイベントの参加者は全員、同じような狭い範囲の趣味・嗜好《しこう》を持っている、という共通点を営業担当者が意図してつくれます。その効果で、心理的な距離を縮めやすくなることが期待できます。

また、何らかのイベントを企画しても、**1回だけの参加で終わってしまっては、**

紹介してもらった相手との信頼関係を築くことはなかなかできません。

何度か参加してもらうことで、見込み客との信頼関係を構築しやすくしたいところです。

この2つの狙いを達成できるのが、参加者の「深いニーズ」に合ったイベントを企画すること、というわけです。

たとえば、単に「みんなで食事に行きましょう！」という企画と、「焼き鳥が好きな人だけで集まって、おいしい焼き鳥を食べに行きましょう！」という企画の2つがあったとき、焼き鳥が好きな方なら、後者の企画のほうに仲間意識を感じ、参加しやすいはずです。

参加者の間に「焼き鳥が好き」という共通点があることが、企画趣旨の段階から感じ取れ、勝手に心の距離が縮まって親しみを感じるからです。

飲み会でも同じで、単に「今度、飲みましょう！」とするよりも、「日本酒が好きな方による、日本酒を楽しむ会を開くので参加してください！」としたほうが、参加者のより深いニーズを満たしています。

日本酒好きの人にとっては、自分との共通点を感じられるので親近感を抱きやすく、参加もしやすいですし、実際に参加したときの満足度も高くなります。「また来たい」とも感じやすいでしょう。

一方で、企画趣旨に当てはまらない方、つまりは該当するニーズを持っていない方は参加しにくくなるので、**紹介してほしい人のニーズや趣味・嗜好などを下調べしておき、それに合わせてイベント内容を企画する**、といった配慮は当然必要となります。

たとえばお酒が飲めない人を集めたいのであれば、「お酒が苦手な人たちで集まって、ノンアルコールで気兼ねなくおいしいものを食べる会」を主催してもいいかもしれません。

お酒が飲めない下戸《げこ》の人は、日ごろからお酒が飲めないのに割り勘で高いお金を払っていることに不満を抱いているものです。同じ値段で普段より満足度の高い食事会に参加できるので、参加しやすいですし、「また来たい」ともなりやすいでしょう。参加者同士での心の距離も縮めやすいはずです。

あなたが開きたい、自分が好きな趣味の会を主催するのではなく、あなたのコアメンバーや、コアメンバーに紹介したい人たちが「また来たい」と思えるように、彼らの深いニーズに合わせた場づくりをすること。

……それこそが営業の仕事です。

もちろん、エビアレルギーの人が無理をして「エビを食べる会」を企画したりなどの無茶はしなくてかまいません。あなたにとって苦痛のない範囲で、相手のニーズに合わせた場を企画してください。

場づくりのコツ❷ 会の人数比は既存8割、新規2割

場づくりの2つ目のコツは、**設定する場の人数を自分やコアメンバー、および その既存顧客で8割、紹介で来た新規の人が2割の比率になるように調整すること**です。

このくらいの比率にしておけば、新規の方の目線では「自分以外のほとんどの人は、Aさんに（特定の商品の）担当をお願いしているのか」という見え方になりますし、何より「大半（8割）の人は、Aさんとすでに良好な関係を築いているんだな」ということが伝わります。

「この人はいい人ですよ！」と直接的に紹介してもらうのも悪くありませんが、実際にきちんとした人間関係を既存のお客さまと築いている姿を見てもらうことで、新規の方により強い安心感を与えることができます。

すでに信頼関係が築けている8割の人間関係の輪を中心にして、新規の方を少しずつ巻き込んでいくイメージです。

なお、既存の8割の方のなかには「コアメンバーの既存顧客」も含まれます。

コアメンバーの既存のお客さまだけれど、あなたのサービスにはまだ申し込んでいない方であれば、その人たちも立派なあなたの見込み客となります。

しかも、あなたに紹介したくてコアメンバーがわざわざ連れて来てくれた人なので、成約率も非常に高いのです。

このように8割の参加者のなかには、コアメンバー同士で互いに紹介したい既存顧客も含まれているので、成約につながっていくスピードも速いです。

そこに、これから関係を築いていこうとする新規の方も2割いるわけですから、非常にバランスがよい人数比になっています。

長年の経験で行きついた「既存8割、新規2割」の比率、みなさんも、ぜひ実践してみてください。

場づくりのコツ③
どんな人を呼ばないでほしいか、事前に決めておく

参加者の深いニーズに応え、既存の人間関係が8割の温かい場をつくることができたら、次はその場を長続きさせることを考えます。

場づくりの3つ目のコツは、**「呼ばないでほしい人」を事前に明確に決めておき、コアメンバー同士で共有しておく**ことです。

もっとわかりやすく言うと、風紀を乱すような人は呼ばない、ということです。

人間は、何か期待していたことに対して、「こんなはずじゃなかった」とガッカリしたときのマイナスな心理的インパクトのほうを、プラスのそれよりも強く感じやすいとされます。

「こういう人を呼んでほしい」というプラスな要望を30回かなえてきても、たっ

た1回、変な人に荒らされてイヤな思いをしてしまうと、その場に関することすべてがネガティブな印象になってしまう危険性があるわけです。

既存の8割の人が、自信を持ってそれぞれの大切な人を連れて来られるように、NGな人を先に決めて、お互いに呼ばないように気をつけましょう。

具体的には、**ＦｏｒＭｅの精神を持っている人（自分優先の人）や、印象がよくない人をＮＧ対象者とします。**

既存の8割の人がイヤな思いをしない会。

この点にさえ気をつけて場づくりを続ければ、回数を重ねるごとに、プラスの印象が蓄積されていきます。

場づくりのコツ❹

商談や仕事の話をするまでに、複数回会うようにする

プラスの印象だけが蓄積していく「また来たい」場。そうした場を成り立たせるためには、「いきなりビジネスの話をしない」というルールも厳しく守る必要があります。

「はじめまして!」でまだ警戒心が強いときにビジネスの話をすると、売り込まれることを警戒して、イヤな思いをする人が少なくないからです。

ということで、場づくりの４つ目のコツは、**商談や仕事の話をするのは、ビジネスに関係のない場で複数回会ってからにする**、です。

私の場合も、はじめましての挨拶から仕事の話をするまでに、最低でも複数回は会い、そのうち最低１回は個別で会ってからでないと、自分から商談はしない

ことを鉄則にしています。

イベントなどではじめて会う際には、被紹介者はまだ警戒心のある状態でその場に参加しています。

前述のように相手の深いニーズに応える企画をしていて、変な人もいないしビジネスの話もされないので、純粋にその場を楽しんで、「この会はとてもよかったからまた来よう」となって、その日は終わります。それでOKです。

2回目の参加では、よい雰囲気の場だとすでにわかって参加しているので、肩の力が抜けます。1人ひとりの参加者とかかわる心の余裕が生まれ、8割の既存の方々の良好な人間関係を見てさらに安心します。

その状態でうまくコミュニケーションして、「この人とも、もう少し話したいな」と自分に興味を持ってもらえるようにします。

ただし、最初から下心全開で話しかけたら相手にも伝わってしまいますから、あまりガツガツせず、「この人のことも、いつか何かでお手伝いできたらいいな」くらいの心持ちで接するといいでしょう。

図5 商談までのステップの例

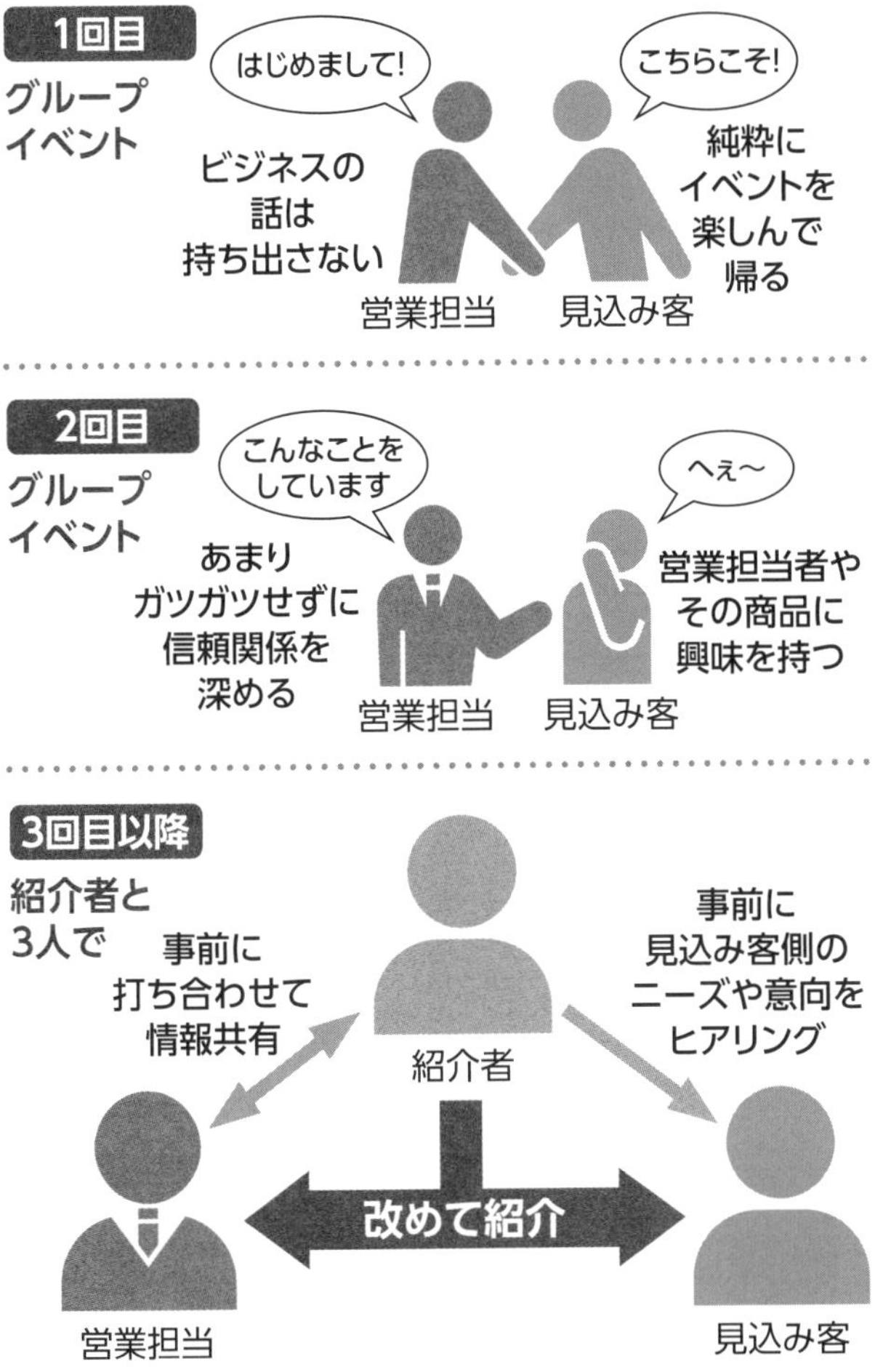

そして3回目以降に、紹介者であるコアメンバーと、その方と、自分との3人で個別で会う約束をします。

個別の面談なので、**事前にコアメンバーに対して、どういうふうに自分を紹介してほしいかや、自分の仕事をどう説明してほしいか、あるいはどんなニーズをヒアリングしたいかなどを共有しておきます。**

そして実際にお会いしたら、お互いを深く知るための話を綿密に打ち合わせ、コアメンバーの協力のもとヒアリングを進めます。

ここまでくると、すでに信頼関係もできてきていますし、紹介者であるコアメンバーへの信頼感も担保となっていますから、成約を前提とした商談となることがほとんどです。大抵はお客さまのほうから「カミザネさんの売っている保険はどういうものなんですか?」などと商談をお願いされ、プレゼンをすることになります。

丁寧にこれらのステップを踏むことが、9割以上の高確率で成約につながる秘訣です。

「場のファン」→「人のファン」という流れで興味を持っていただいて、はじめてコアメンバーからの紹介が機能します。

人が集まる場と商談は、すぐにはイコールにならないことには十分に気をつけてください。

ポイント

イベントを企画し、人が集まる場をつくることで、効率的に紹介につなげられる。４つのコツを実践して、丁寧に見込み客を育てていきたい。

紹介の3パターンを使いこなし どんな関係からでも商談につなぐ

あなたのお墨つきをコアメンバーに与える

ここまでのステップで、あなたの大好きなコアメンバーと、互いの既存顧客や新規の見込み客を呼んで人が集まる場をつくり、信頼関係も築いてきました。

ついにお互いの商品や仕事を、お互いに紹介する3つ目のステップに入るわけですが、**その紹介の仕方にも成功パターンがいくつかあります。**

それぞれポイントを押さえておきましょう。

【パターン1】 自分の既存顧客をコアメンバーに紹介する。

【パターン2】 自分と関係はできているけれど、まだ成約に至っていない見込み客の背中を、コアメンバーから押してもらう。

【パターン3】 自分と関係はできているけれど、まだ成約に至っていない見込み客を、先にコアメンバーのお客さまになるように紹介する。

このうち、**もっとも成約率が高いのはパターン1**です。

すでにビジネスの関係となり、良好な人間関係も築けているお客さまなので、あなたから「彼にはこういうふうにお世話になっていまして……」とか、「自分もお世話してもらったんだけど、彼女の仕事はすごくいいよ！」といった形でコアメンバーの仕事や商品を紹介すると、お客さまにとっては「仕事人」としてすで

図6　紹介の仕方の3パターン

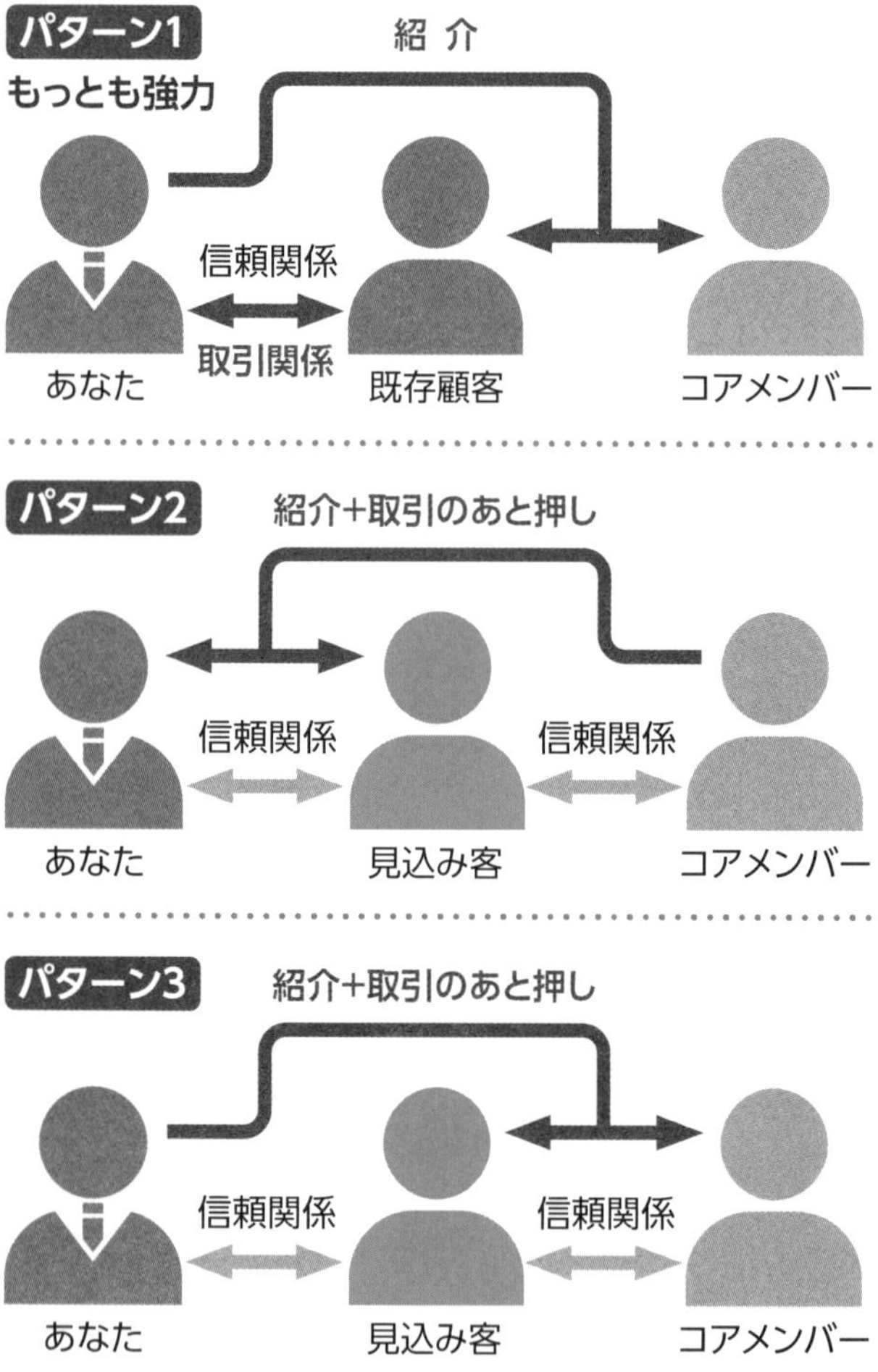

に信頼しているあなたが信用している人の仕事ということになり、第三者的な立場からのお勧めにもなるので、その後の成約につながりやすいのです。

要するに、**あなたの「お墨つき」を紹介先のコアメンバーの仕事に与えられる**のです。基本的にはこのパターン1の紹介をお互いに行うのが、もっともスムーズかつ効果的でしょう。

見込み客の意向は自分で聞かず、コアメンバーに聞いてもらう

パターン2とパターン3については、すでにお客さまとの人間関係ができていたとしても、まだビジネス上の関係、つまりお金を払っていただく関係にはなっていないので、そこから1歩踏み出して、ビジネス上の関係へとランクアップするためにはパターン1よりも高い壁があります。

しかし、それをコアメンバー同士の紹介という力で乗り越えることで、パター

ン1（つまり既存顧客）以外の方でも高確率で成約につなげることが可能です。

たとえばパターン2では、**友人という関係から、営業担当者とクライアントというビジネス上の関係に変わることを相手が受け入れているかどうかを、コアメンバーに代わりにチェックしてもらいましょう。**

自分から聞きに行くとガツガツしている感じが出やすいので、あえて第三者であるコアメンバーから「Cさんも、もうカミザネさんに保険の担当をしてもらっているんですか？」などと聞いてもらうと、警戒感や緊張感を抱かせずに相手の反応を引き出せます。すでに信頼関係ができているので、以下のようなよい反応が返ってくることが多いです。


「それが、僕には全然営業してくれないんですよ～」

「仲がよいから、逆にお願いしづらくて、お願いできてないんですよね」


このように、意外と相手も求めているけれど、すでに友人関係ができていて言い出せなかった、というケースも少なくありません。

こういった返事が返ってきたら、コアメンバーから「え、だったら今度商談してもらいなよ! 日程もいま決めちゃえば?」などと、さらにパスを出してもらえば、だいたい成約となります。

そうして成約につながったら、その人はあなたの既存顧客に変わります。

そうしたら、**次は日を置いて、パターン1の形で逆にそのコアメンバーに紹介し返してあげましょう。**常にお互いを助け合う姿勢を持つことは、この紹介ガラポンの仕組みを維持するための前提です。

パターン3はパターン2の逆バージョン

パターン3ではあなたの見込み客を、先にコアメンバーの既存顧客にしてしまいます。パターン2でコアメンバーにしてもらっていたような紹介や、お客さまのニーズのチェック、商談に際してのアシストなどを**あなたが先に行うだけ**です。
そうしてうまくコアメンバーのお客さまになってもらえたら、しばらく間を置いて、今度はパターン１の形でコアメンバーからあなたに紹介し返してもらいましょう。

以上が、実際に紹介する際の３パターンです。
非常にシンプルですから、誰でも実践できるのではないでしょうか。

ポイント

具体的な紹介の仕方には概ね3パターンある。
もっとも強力なのは、自分の既存顧客をコアメンバーに紹介する形。
それ以外の場合は、あとからお互いに紹介し返すのがスマート。

まずは自分がＦｏｒ Ｙｏｕで動く

人と人との協力関係なので気持ちが大事

ここまでの解説で、紹介ガラポンの仕組みについてはある程度理解していただけたでしょう。

問題は、その仕組みが半年で終わってしまうのか、1～5年程度の中期的にわたって続くのか、あるいは一生続くのか……つまり、安定性があるかどうかです。

結論から言うと、**あなたやコアメンバー、およびその周辺の人、つまりは「仕組みに関わるすべての人」がＦｏｒ Ｙｏｕの精神を忘れない限り、一度稼働しはじめた仕組みが崩壊することはありません。**

人と人とがかかわり合って成り立つものなので、気持ちが非常に大切なのです。関係者全員が気持ちよく動ける思考を身につけ、互いに応援し、また応援されることで力を発揮するチームづくりを目指しましょう。

たとえば、コアメンバーとお互いにお客さまを紹介し合う作戦会議をするときでも、あなたの思考パターンによってあなたの言動や、その後のコアメンバーの反応は変わってきます。

●Ｆｏｒ Ｍｅの思考が強く出てしまった場合

「今回はＡさんを連れていくから、私の紹介をこんな感じでしてください。あと、Ｂさんはあなたに紹介するために連れていくから、どういうふうに紹介してほしいか、あらかじめ教えておいてくださいね」

●For Youの思考ができている場合

「今回はBさんをあなたに紹介するから、どういうふうに紹介してほしいのか、あらかじめ教えておいてくださいね。

それから、Aさんは現時点で顕在化しているニーズが私のサービスに合っているので、私のお客さまになるよう手伝ってほしいです。

成約してビジネスの関係になったら、次の機会にあなたの扱っている商品を必ず紹介します」

いかがでしょうか? 言っている内容はほぼ同じで、「2人連れていきます。1人にはあなたの、もう1人には私のビジネスを紹介しましょう」という作戦会議なのですが、受ける印象に違いがありませんか?

前者の言い方では自分優先に受け取られかねないのに対し、後者の言い方であれば、まずはコアメンバーを優先して、そのあとに自分への紹介も頼んでいる感じになります。コアメンバーからしたら「私の成功を応援してくれているんだな」と感じられるでしょう。

相手の成功から話すか、自分の成功から話すかの違いだけですが、こういうちょっとしたことの積み重ねで、チームがどれだけ持続できるかが決まります。

そして、こうしたちょっとした言動は、あなた自身がＦｏｒ Ｙｏｕの精神に則った思考をしているか、Ｆｏｒ Ｍｅ型の思考をしているかによって、どちらかが自然とあふれ出すものです。

そのあふれ出た思考を感じ取ったコアメンバーが、「この仕組みはＧｉｖｅからはじまるんだ」と納得することで、向こうも負けじとＦｏｒ Ｙｏｕの精神・姿勢を身につけていきます。逆の場合もしかりです。

隗《かい》より始めよ

チームのスローガンとして「Ｆｏｒ Ｙｏｕでいきましょう！」などとモットーを掲げることも大切ですが、**まずはあなた自身、思考パターンがＦｏｒ Ｙｏｕ型になるように徹底的に周囲の環境を整え、その環境の影響を意識的に受けるようにする**ことをお勧めします。

それにより、チーム全体も影響を受けます。

Ｆｏｒ Ｙｏｕ型の思考さえできていれば、この最強の仕組みは半永久的に持続し、拡大し続けるのですから。

ポイント

関係者全員がＦｏｒ Ｙｏｕの精神を忘れなければ、紹介ガラポンの仕組みは半永久的に持続できる。まずはあなた自身がその精神で行動しよう。

第2章まとめ

- チームを組んでお互いに紹介し合うことで、「自分で売り込む」場合に比べて第三者的な客観性が高まり、信用されやすくなる。それにより成約率が上がり、紹介も途切れなくなる。
- チームの仲間である「コアメンバー」にする人は、一定の条件（異業種、ビジョンの一致、仕組みへの理解、For Youの精神、3つの前提）のもとで厳選する。誰でもいいわけではない。
- イベントを企画して魅力的な出会いの場をつくることで、より紹介が生まれやすくなる。企画の仕方や人員構成に工夫することで、信頼関係の構築もしやすくなる。
- 紹介の仕方にも3つのパターンがあるので、状況に応じて使い分ける。
- For Youの精神に則った思考パターンができている限り、チームが機能して「紹介ガラポン」の仕組みも持続できる。まずは自分が実行して、周囲に影響を与えよう！

第3章

「印象コントロール」で紹介確率や成約率を高める

最初はとにかくマイナスを減らす

印象改善で成約率もアップ！

この第3章では、印象がどのように営業の仕事にかかわっているのか、そして、どのようにすれば自分の印象をコントロールできるのかを解説していきます。

印象のよさが営業の仕事で非常に大切な理由は、当たり前ですがお客さまは人だからです。

人間が何かを選択するとき、その選択理由の大部分は、理屈や善悪ではなく「感情」や「気持ち」が占めています。

今日はお寿司の気分だから、寿司屋に行こう。

フットサルは試したことがないけれど、楽しそうだから行ってみよう。

Aさんは面白くて好きだから、ご飯に誘われたら毎回参加している。

……などなど、何かを「選択」しようとするとき、感情や気持ちによって判断するケースが多いのが人間です。

一方、成約とは「お客さまに選んでもらうこと」。その**選ぶ際の理由や基準にも、必ずお客さまの感情や気持ちが含まれています。**

そして、**お客さまの感情や気持ちは、売り手の印象によって大きく変わります。**

ここから、**印象をコントロールし、自分に対して見込み客に「よい感情」を持ってもらえれば、選んでもらえる確率＝成約率が飛躍的に高まる、**という理屈が導かれます。これは、みなさんの直感にも合致する理屈のはずです。

幸い、印象をコントロールすることはそんなに難しいことではありませんから、みなさんも自分の印象を自在にコントロールできるようになりましょう。

よい方向に見込み客の感情を動かす

まず行うべきは「**マイナスをつくらない努力**」です。

先ほど人間の選択には感情が大きくかかわると述べました。それらの感情は、営業担当者にとっては「よい方向」にも「悪い方向」にも作用します。

たとえばあなたの最寄り駅に2軒のお団子屋さんがあったとしましょう。

この2軒では、どちらも同じ品質、同じ値段のお団子を売っているとします。

このとき、あなたが店の前を通ると、A店の店長はいつも明るく挨拶をしてくれます。

一方のB店の店長は、あなたが店の前を通ってもまったく気にかけません。

さて、あなたがお団子を食べたくなったとき、どちらのお店で買いますか?

……言うまでもなく、日ごろから挨拶をしてくれる店長がいるA店から買いたい、と思いますよね?

これは印象がA店にとってよい方向(成約)に働いた例です。

では、今度はA店の店長もB店の店長もとくに挨拶はしてくれなかったとして、A店の店長は服がボロボロで髪はボサボサ、身だしなみができていない人だったとします。

一方、B店の店長は当たり障りのない、普通の身だしなみをしていたとします。

この場合なら、どちらのお店を選ぶでしょうか?

……もちろん、大多数の方はB店を選びますよね。

どちらもお団子屋さんで、食品を扱うお店ですから、A店の店長のように清潔感のない身だしなみをしている人が働いているお店では、とくに食べ物は買いたくならないでしょう。

これは印象がA店にとって悪い方向に働いた例と言えます。

このように印象はプラス方向にもマイナス方向にも作用します。

印象を味方につけて営業の成約率や紹介確率を上げたいのであれば、このうち、**まずは「マイナスをつくらない」という基礎を固めるところからはじめるのがいい**と思います。

マイナス要素をなくすのはプラス要素を伸ばすよりも簡単ですし、1つでも大きなマイナス要素が残っていると、信頼できる人、あるいは仕事人（プロフェッショナル）として見てもらうことが難しいから、という理由もあります。

マイナス要素が亡くなったら、次の段階で「相手に覚えてもらう工夫をする」、つまりプラスを伸ばすための取り組みをする、という2段階で印象をコントロールしていってください。

大切なので繰り返しますが、**最初はマイナス要素の排除、その次にプラス要素の引き上げ**です。

この順番を守らずに、とにかく印象に残ろうとして最初から目立つための努力ばかりしても、それによって成約率や紹介確率が上がることはありません。

たとえば、いわゆる「迷惑系ユーチューバー」などは、2段階目の「覚えてもらうための工夫」はできているかもしれませんが、最初に取り組むべき「マイナスをつくらない」という基礎ができていないので、誰にも信頼されませんし、他の人気ユーチューバーのように企業案件をもらうことができません。

ビジネスの世界は信頼や信用で成り立っています。まず取り組むべきはマイナス要素の排除である、ということを肝に銘じてください。

相手がどう受け止めているかが大事

これを踏まえて、私の勉強会でも教えている「マイナスをつくらないための黄金ルール」をお伝えしておきましょう。

それは**相手から見て、一般的に人からイヤがられることをしていないか確認する**、というものです。

これを徹底すると、誰でも印象面でのマイナスを避けられるようになります。

「マイナスをつくらない」＝「相手にイヤだと思われることをしない」という単純な話なのですが、問題は「人によって何をイヤだと思うか」がバラバラなことです。

「髪型は直毛が好みなので、天然パーマはイヤだ」といった個人の好みまで課題として捉えてしまうと、チェック項目が膨大になってしまいますし、すべての面でマイナスを避けることも不可能です。そこまで範囲を広げると、ルールとして運用できません。そこで、**少なくとも「一般的に人にイヤがられること」はしない**ように気をつけるわけです。

「一般的」というのは、直毛かパーマかといった個人の好みによる印象の良し悪しではなく、「挨拶をしない」「相手の言葉に無反応」「よく遅刻をする」など、してしまった場合には、ほとんどの人からマイナスの印象を抱かれる行動や習慣、身だしなみという意味です。

こう聞くと、自分は大丈夫だろうと思ってしまいがちですが、ポイントは「相手が」あなたに、どのような印象を抱くかです。

自分は先輩に挨拶をしていたつもりでも、声が小さくて先輩に聞こえていなかったら、「あいつはすれ違っても挨拶をしない」と判断されてしまいます。当然、挨拶をしていないのと同じ扱いを受けます。

「相手から見て」マイナスな印象をつくってしまっていないか、意識するところからはじめましょう。

マイナスをなくすための具体策

このときの訓練法としては、**「自分の印象を他人に聞く」**ことをお勧めします。会社の上司や先輩などに「自分の印象は、みなさんにはどのように見えていますか？」と聞いてみるのです。

すると、自分ではいつも笑顔でいるつもりだったのに「無表情だよね」と言われたり、そんなつもりはまったくないのに「目が怖くていつも怒っているように感じる」と言われたりと、知らず知らず、相手にマイナスの印象を与えてしまっていたことに気づかされます。

こうした意外なフィードバックを受けると、落ち込んだり、見て見ぬふりをしたくなったりするかもしれませんが、**心を強く持って、一つひとつの指摘に真摯**

に向き合い改善していきましょう。

自分は笑っているつもりでも、相手にそう見えていないのであれば、鏡の前で少し大げさだと感じるくらいまで口角を上げる練習をしてみましょう。それで数週間過ごしてみて、再度相手に自分の印象を聞いてみます。

あるいは、自分はそんなつもりはないのに、怒っているように見えると言うのであれば、意識してまぶたを大きく開く練習をするなど、とにかく個々のフィードバックにまっすぐ向き合います。

こうした**小さな変化を積み重ねることで、1～2か月もすれば、ほとんどの人にマイナスの印象を与えることがない自分に変化できます。**

録音・録画でセルフチェック

なお、他人に聞かなくても、以下のように自分のマイナス要素を〝自分で〟見つける方法もあります。

・自分の話し方を録音して確認する（自分はこんな変な声で話しているのかと、最初はびっくりするほどイヤな気分になります）
・自分の仕草やプレゼン内容などを録画して見返してみる（無意識にしている手や足の動き、姿勢の悪さ、発声や口グセなどが気になるはずです）

これらの方法で判明した課題も、1つずつ改善していきます。

これだけ実践すればとりあえずはOK！

以下、私の勉強会で共有している「**人にイヤがられないために最低限、実践すべきこと**」も紹介しておきます。

これらが自然とできていれば、好き嫌いの要素以外でお客さまにマイナスな印象を与えることはずいぶん減るはずです。ときどき上司や同僚などにも聞いて、自分ができているかどうか確認することも忘れずに行ってください。

【人にイヤがられないために最低限、実践すべきこと】

①気持ちのいい挨拶
②相手の目を見て話す
③気持ちのよい笑顔
④清潔感のある身だしなみ
⑤聞き取りやすい速度と活舌《かつぜつ》で話す
⑥関心を示している態度で相手に接する
⑦時間を守る
⑧偉そうに座らない
⑨偉そうに話さない
⑩自分の話ばかりをしない
⑪上記すべてを「他者視点」で確認する

これらの内容は、さほど難しくないので多少練習すれば誰でもできるようになります。また、どれだけ練習しても過剰になることはありません。

慣れれば、状況に応じた応用もできるようになります。

「笑顔が素敵すぎる」などと、基礎レベルが高すぎることを商談時のトーク材料にまで昇華できれば最高です。ぜひ、そのレベルを目指してください。

個人の好みもできる範囲でフォローする

なお、先ほど述べたように好き嫌いについてまですべてのマイナス要素をなくすことは不可能です。

とはいえ長い付き合いのなかで、相手の好き嫌いを知り、その人の前では無理のない範囲で心配りをする、ということはあって然るべきでしょう。

たとえば「落ち着いて話す人が好みだ」という相手の前では、あなたが普段は賑やかな性格だとしても、ゆったりしたペースで話すなど、**あえて相手に不快感を与えず、好みの面でも気に入られるようにすることは、営業担当者として当然に実行すべき心配りです。**

好き嫌いへの配慮はまったくしなくていいわけではありませんから、そこは誤解しないようにしてください。

ポイント

人は相手の印象に左右される感情や気持ちによって、成約するかどうかを決めることが多い。

まずは印象にマイナス影響を与える要素を排除して、誰にでも好印象を与えられるように言動や仕草を調整する。

自分の特徴を活かして相手の世界に入り込む

覚えていない＝存在していない

相手にマイナスの印象を持たれない基礎ができたら、次はいよいよ相手の印象に残るための工夫をするステップに進みます。

マイナスの印象を持たれないのは、あくまでスタートラインにすぎません。それだけでは相手の印象にまったく残りません。

第1章でもお伝えしたとおり、相手に覚えてもらえなければ、紹介をしてもらえる可能性は0%です。そもそも、お客さまがまた会いたいと思わないので（何しろ覚えていないので）、仮に再度会えたとしても、また「はじめまして」同然の状態からスタートすることになります。

相手を不快にしない基本を盤石にしたうえで、このあと紹介するノウハウを駆使し、相手の印象に残るように心がけましょう。

何か特徴的なことがあれば使い倒す

その際に重要なのは、「**自分ならではのアドバンテージを活かす**」考え方です。

相手はあなたのことを、「ほかの人とは違う部分」を見て記憶します。

「鈴木さんって覚えてる？」

「ええ、あの2足歩行の人ですよね？」とはなりません。

あなた以外の人もほぼ全員が2足歩行なので、みんなと同じで相手の印象に残りません。

そうではなく、**印象に残るために自分が持っている何かほかの人とは違う特徴を際立たせ、そこに相手の意識を向けさせる**のが効果的です。


たとえば私の場合、上實《かみざね》という珍しい名字が、見込み客の印象に残りやすいアドバンテージになると考えました。

日本に10人以下しかいないことや、平氏の名字なので壇ノ浦の戦いでは源氏側にボコボコにされた側だったはずだとか、意識的にそういった自己紹介をすることで、「ああ！　あの名前が珍しい人ね」と覚えてもらえるようになりました。


このように自分にある「人と少し違う特徴」は、どんどん活かしたほうが印象的にお得です。

同じ名字でも、「読みづらい……」とコンプレックスのように捉えていては何もご利益がありません。

営業という仕事をしているのであれば、どんな特徴であろうと「珍しくて、話のネタになる!」と考え、自分の印象を相手に残すための武器として使っていきましょう。

コンプレックスが武器になる

ほかにも**自分のコンプレックスが印象コントロールのための武器になる**ことがあります。

コンプレックスに思うくらいですから、その特徴は人と少し違うことが多いからです。

たとえば背が低いことをコンプレックスに思っていたとしたら、それを逆手に取って、「私は極端に背が低いんですよ~。待ち合わせで私を見つけられたら、もう奇跡です(笑)」といった具合に、背の低さを活かした自己紹介ができます。

それで「ああ、あの背が低い人ね！」とお客さまに覚えてもらえたなら、営業担当者としては大成功です。

とにもかくにも、相手に自分を覚えてもらわないことには何も始まりません。相手を不快にさせない範囲で、相手に自分の印象を残すための道具として使える特徴が何か自分にないか、一度意識して探してみるといいでしょう。大抵は1つや2つは人と違うところが見つかるはずです。ちなみにここでも、周囲の人に聞くことが有効です。

ポイント

印象のプラス面を伸ばす簡単な方法として、自分が持っている「人とは少し違う特徴」をフックにする方法がある。

コンプレックスに感じている特徴を逆手に取るのも成功率が高い。

自分が1位になれる狭いランキングを見つける

ランキング上位の人が連想されやすい

人が誰かを紹介しようとするときや、その場にいない誰かについて話そうとするとき、どんなふうに脳内検索しているでしょうか？

たとえば珍しいカレー屋さんの話題になったら、自分の脳内の友達名簿のなかで、もっともカレーが好きな友人のことを思い出します。今度マラソンに出ようよと言われたら、いちばん体力がある友人のことを思い出します。

つまり**人は、これまでの友人や知人のなかで、それぞれのジャンルのランキングで上位にいる人のことを思い出し、「そういえば、こんなヤツがいてね……」と話題に出したり、紹介したり、何かの機会に誘ってくれたりする**のです。

これが（それぞれのジャンルで）印象に残っている人しか話題にされない・紹介されないメカニズムです。

そのため、営業担当者であるあなたが、あなたのいないところで話題に出してもらったり、さらに言えば「仕事人」として紹介してもらったりするには、**紹介者の心のなかの何かしらのランキングで、1位になるくらいの印象を持ってもらう**ことが必要です。

理想としては特定のジャンルの業務で、「仕事人」としてランキング1位になることです。あるいは仕事とは関係なく、紹介したい「素敵な人」ランキングなどで1位になることを目指しましょう。

私の場合なら、「保険や資産運用なら、カミザネさんが間違いないよ！」とか、少々気恥ずかしいですが、「カミザネさんっていう素敵な人がいるから、今度紹介するね」といったように、自分がいないところで誰かが話題にあげてくれたら最高です。

得意を伸ばし、無理に苦手や新しいことには挑戦しない

そこは常に目指していくわけですが、現実問題として、いきなり範囲が広いランキングで1位になるのは困難です。

思い切り狭い範囲のランキングで1位になることをまず考えましょう。

その際には、あなたがすでに手掛けていることや、趣味で行っていること、人によくほめられる強みなどを活かします。**すでにやっていることに、さらに少しの努力をプラスすることで、小さなジャンルでの1位を取りに行く**のです。

お客さまに覚えてもらおうとして、本当は大人しい性格の人が無理をして盛り上げ役ランキング1位になろうとしたり、本当は不器用な人が、細かい細工でプ

レゼント印象ランキングで上位に入ろうとしても、自分のキャラクターや趣味嗜好に合わず、つらい思いをすることになります。

ぜひとも、すでにある程度は自身ができていること、自分が好きなことを活かして、狭いジャンルでのトップを狙ってみてください。

いくつか事例も紹介します。

●カミザネの場合

たとえば私の場合は、年下の人から「年上っぽくない。しゃべりやすい。変な意味で気を遣うことがない」と言われることが何度かありました。そこで、これらの人物評を総合して、「親しみやすい年上の人ランキング」なら上位にランクインできるのではないかと考えました。

もともと私は「上には上がいる」「みんな、その分野のプロである」というマインドを持っていて、誰に対しても横柄な態度を取ることを好みませんでした。また年下相手でも自分からへりくだって、必要なら敬語を使うことにもまったく抵抗感がありませんでした。

もともとそのような性格傾向を持っていたので、この強みを意識してさらに伸ばすことで、初対面の人の印象に残るレベルにまで磨き上げています。

笑顔をさらに磨けるよう訓練中のDくん

私の勉強会の生徒であるDくんは、もともとは明るい性格で、普段の会話では満面の笑顔が印象に残る人です。

しかし、仕事になると急に真面目モードに入ってしまい、持ち前の笑顔と明るさがまったく出なくなってしまいます。

私は彼に対して、「その笑顔と明るい性格は、きみのお客さまにも絶対喜ばれるから、仕事でもそのまま行こう!」とアドバイスしています。

うまくその強みを強化できれば、「笑顔が満点で、とにかく明るい人ランキング」で十分にトップを狙えるだろうと今後の成長に期待しています。

これは一見範囲が広すぎるランキングに思えるかもしれませんが、Dくんの接する見込み客や既存客の心のなかでこのランキングの上位に入ればいいので、これくらいの範囲設定でも問題ないでしょう。

●相づちを伸ばしているFさん

別の生徒であるFさんは、話を聞く際の相づちが抜群に上手です。

彼と話をしていると、「自分の話をちゃんと聞いてくれているんだなぁ」と感じます。

その強みをもっと伸ばすために、さまざまな人に「自分の話の聞き方って、しっかり親身になって聞いてくれている感はありますか？」と聞いてみたり、「あなたが思う『話を聞いてくれるランキング1位の人』と私を比べたとき、どんなところに違いがありますか？」といった感じで、他者視点でのフィードバックをもらうように勧めています。

そのフィードバックにきめ細かく対応していけば、多くの人の印象に残る強みへと育てていけるはずです。

このように、ちょっとしたことでもよいので、自分が自然体ですでにできていることで、人にほめられることがある長所をさらに伸ばしてください。

目的は、相手の接する狭い世界での特定ランキングの1位（少なくとも上位）に入り、たくさん思い出してもらい、話題にあげてもらい、そして紹介をしてもらうことです。

さらに言えば、「上位」ではなく「ダントツの1位」だと、話題にされたり紹介されたりする確率がグッと上がりますから、そのレベルにまで強みに磨きをかけることを目指していきましょう。

まったく意識をしない人や、練習やトライアンドエラーに時間を使わない人が意外と多いので、意識するだけでも大きな差をつけられます。

ポイント

もともと自分が持っている強みを強化し、出会う人たちの心のなかのランキングで、狭い範囲内の1位を狙う。

「あの人、なんか苦手」にいちいち凹まない

ある程度は避けられない

普通の人間関係のなかで「あの人は苦手」と誰かに言われてしまったら、みなさんショックを感じますよね？

私だって、ご近所付き合いのなかでこの言葉を言われたら、どこか悪いところがないか、すぐに反省会を開くでしょう。

しかしながら、**あなたが営業担当者で、この言葉がビジネス上の人間関係のな**

かで出てきたものなら、それは必ずしもマイナスに受け取るべき言葉ではありません。

もし、前述した「相手に不快な思いをさせないための基礎」がまだできていない状態で「あの人は苦手」と言われているのであれば、それは、一般的に人にイヤがられることをあなたが無意識にしてしまっていて、その結果として嫌われていることが推察されます。

その場合には本当に心からイヤがられていますから、ハラスメントだと言われる前にその人から距離を取るのが得策です。

そうしないと、紹介や成果につながる前に、あなたや、あなたが所属するチームや会社全体の信頼・信用を損ねることになりかねません。

しかし、印象コントロールの基礎ができている状態で、単に「相手の個人的な好み」の問題で苦手と言われているだけであれば、その言葉を過剰に恐れる必要はないのです。

たとえば、熱心に相手のためを思ってコミュニケーションを取っていると、相手の性格によっては「暑苦しいタイプは、あまり得意ではなくて……」などと、かえって苦手意識を持たれてしまうことがあります。

あるいは相手のためを思って手取り足取り教えてあげるタイプの人が、職場で部下教育をしていると、自己流で学びたいので放っておいてほしいタイプの人からは「あの人はおせっかいすぎて苦手……」などと思われてしまうケースがあります。

こうしたケースでは、一時的にはネガティブな印象を相手に与えてしまっているわけですが、もしあなたが特定の狭いジャンル内での1位を目指して印象磨きに努力しているのであれば、さほど気にしなくても大丈夫です。

別の人には好かれているかも

気にしなくてもいい理由は3つあります。

1つには、**その人のランキングでは「苦手」で選外にされてしまっていますが、別の人のランキングでは1位になれている可能性がある**からです。

たとえば仕事の丁寧さを極めていくと、その先で「おせっかいな人」とか「細かい人」だと思われてしまうケースが増えます。お客さまのなかには、細部の丁寧さより、ほどほどの丁寧さでざっくりこなして達成量を増やすことを重視する人もいるからです。

しかし同時に、「丁寧に仕事をしてくれる人に依頼したい」と考えるタイプの人からすれば、仕事の丁寧さを極めたあなたは、「いちばん丁寧に仕事をする、信頼できる人」になるので、その人のランキングでは1位になれています。

熱心さも同じで、極めていく過程では「暑苦しい人」だと思われる場面が当然増えますが、「私のことを真剣に考えてくれる人に仕事をお願いしたい」と思っているタイプからすると、「もっとも熱心に自分のことを考えてくれる、信頼できる人」になるので1位になれます。

このように**狭いジャンルで1位を目指そうとすると、必然的に一部のお客さまからは「苦手」扱いされてしまうので、そこでショックを受ける必要はまったくない**のです。

個人的な好みと仕事の評価はイコールじゃない

そしてもう1つ、**基礎ができている状態での相性の問題ならば、その相手はあなたが「苦手」であっても、仕事人としては評価して、別の誰かに紹介してくれる可能性がある**からです。

個人的な好き嫌いとは別に、あなたの仕事を評価して、あなたのことが苦手であっても成約してくれる場合もあります。

あなたのことを苦手にしていない人のほうが、もちろんどちらの可能性も高いのですが、好みの問題である以上はすべての人に好かれることはできません。**紹介や成約の可能性が残っているのであればそれで良し**、と考えましょう。

基礎ができたうえでのビジネス関係における「あの人は苦手」は、ある程度は避けられないものです。

「苦手」と言われるのを怖がって、自分の特徴を出さずにお客さまに接し、相手の印象に残ることができずに「誰だっけ、その人……?」などと言われてしまうよりは、よっぽど好ましい状態です。

「苦手」というマイナスイメージであっても、少なくともその相手の「印象には残っている」のです。ほかの誰かと話すときに話題に上げてくれたり、状況によっては紹介してくれる可能性もあります。

人生に悩んでいるのによい相談相手がいない、と言う友人に、「私は暑苦しいと思っちゃうから苦手だけど、○○さんならすっごく熱心に相談に乗ってくれると思うよ」と紹介してくれるかもしれません。

「私は自己流でやりたいタイプだから口出しをしてくる人は苦手なんだけど、あなたみたいに全部しっかり教えてほしいタイプだったら、△△さんが合うかもよ」と紹介してくれることもありえます。

マイナスイメージでも印象にさえ残っていれば、その後につながる可能性があります。

一方で覚えてもらっていなければ、その後につながる可能性は0％です。

「一般的に人からイヤがられることをしない」という基礎さえできていれば、「苦手」を過剰に怖がる必要はありません。あなたらしい特徴をさらに磨いて、たくさんの相手に印象を残せる自分になってください。

印象は「慣れ」でも変わる

3つ目に、**あなたのことを「苦手」だと言っているその人も、時間の経過やあなたの対応次第では、あとから「やっぱり好きかも」へ変わる可能性があるから**です。

人には「慣れ」というものがあります。

44度の温泉にいきなり入ったら「熱い！」と飛び出してしまいますが、習慣的に入っていると、だんだんとその熱さが心地よくなってきます。

同様に、人に対しても会う回数を重ねていくと、その人の特徴に次第に慣れていくのが人間です。

熱血タイプのあなたが「暑苦しくて苦手」と最初は思われていたとしても、印象コントロールの基礎さえできていれば、何度も会っているうちに「まぁ、こういう人もいるよね」と次第に印象が改善していき、最終的には「暑苦しい人は基本的に苦手なんだけど、○○さんはちょっと例外かな」というように、プラスの印象へと変化していくことはよくあることです。

またあなたはあなたで、何度かその相手に会っていくうちに、「この人は熱血トークをすると反応が悪く、逆に落ち着いて話をすると話を聞いてくれる。じゃあ、この人にはあまり熱く話しすぎないようにしよう」などと、その相手にとって心地のよいコミュニケーションスタイルへと修正していくこともできます。

それは相手も同じで、「今日はあの熱心な○○さんと会うから、そのつもりでいよう」といった具合に、あなたのコミュニケーションスタイルへの心の準備ができた状態で会ってくれるようになるので、1回目に会ったときほどびっくりされることもなくなるのです。

そうして苦手意識が先行していない状態であなたと再度会ってくれたら、「この人は暑苦しいけれど、仕事は丁寧にやってくれる人だな」といった具合に、あなたのよいところに目を向ける心の余裕も生まれてくるでしょう。

最初は「苦手」だと感じさせてしまったとしても、複数回会っていくうちにポジティブな印象に変わることは珍しくありません。

「苦手」と思われることを怖がらず、自分のカラーを出して、相手の印象に残るように努力していきましょう。

ポイント
印象コントロールの基礎ができていれば、ネガティブな印象を恐れる必要はない。どんどん自分のカラーを出していこう。

第3章まとめ

- 印象が相手の感情を左右し、紹介するかどうかの判断や、成約率にも影響する。
- まずは一般的に印象を悪化させる要素を自分から排除することが「印象コントロール」の基礎。
- 自分をほかの人から差別化できる特徴があれば、それを使い倒す。コンプレックスに感じている特徴も、逆に利用できることが多い。
- 趣味で取り組んでいることや、もともとほめられることが多い強みなどを伸ばして、狭い範囲のランキングで1位になることを意識すると、紹介されやすくなる。
- 強みを伸ばして自分のカラーを出していくと、一部の人には苦手扱いされることもあるが、これはある程度、仕方ないことなので気にしない。最初はネガティブな印象でも、あとから変わることもあるし、苦手な人でも成約や紹介をしてくれることがある。

第4章

印象コントロールの「鉄板ワザ」6選

プロは「表情操作」で初対面を制す

本章では、前章で解説した「印象コントロール」の発展として、いくつかのテクニックをお伝えします。これらを取り入れることで、紹介者の印象に残り、たくさん紹介をしてもらうことがより容易になるでしょう。

口角が上がれば成約率も上がる

印象コントロールでもっとも役立つテクニック、それは「**表情操作**」です。

表情は相手があなたの印象を判断する際、最初にチェックする要素です。

とくに**初対面では、そのときのあなたの表情に影響されて、相手のなかで印象がつくられ、それがその後、かなりあとになるまで残り続けます。**

初対面の際、あなたの表情が笑顔だと、相手は「この人はいい人そうだ」という印象を抱きながらかかわってくれるので、その後の会話でもあなたのよいところを無意識に探してくれます。

逆に最初の表情がムスッとした無表情だと、「感じが悪い人だな。怖そうな表情だし……」といった印象に引っ張られて、その後の会話でもあなたの悪いところを無意識に探してしまいます。

つまり、相手があなたを見る視点がプラス側になるか、マイナス側になるかは、大部分があなたがその人に最初に会ったときの表情で決まってしまうのです。

さらに言えば、初対面の顔合わせが終わった段階で、「やっぱり、よい人だったな」という結論になるのか、「なんだか感じの悪い人だったなぁ」という結論になるのかも、大勢が決まるのは「途中の会話の内容」や「途中の仕草など」ではなく、「最初にひと目見た際のあなたの表情」であるケースが多いそうです。心理学の実験などでそういう結果が出ています。

最初にお客さまに会うときのあなたの表情というのは、それほどまでに重要なものです。

表情を自在につくれるようになろう

営業のプロであれば、自分の表情をコントロールできるようになりましょう。

表情なんて自然に変わるもので、意識的に操作することはできないと思っているようでは、営業担当者として二流、いえ三流以下です。

瞳孔の拡散・収縮など反射的な反応まではなかなか操作できませんが、**一流の**

営業担当者と呼ばれる人たちは、みな商談の際の自分の表情についてほぼ完璧にコントロールしています。

一流レベルとまではいかなくても、ちょっとした訓練で人と会うときの表情を改善することは可能です。ぜひ、みなさんも挑戦してください。

毎日、あるいは週に何回か取り組むだけでも、商談時に「自然な笑顔」を意図的にまとうことくらいは、誰でもできるようになります。

笑顔づくりのトレーニング

よく言われることですが、**笑顔のコツはしっかり口角を上げること**です。

そして、目を気持ち閉じつつ弓なりの形状にします。つまりは笑った表情です。ニコニコマークと一緒です。

ただし、商談では目を細めすぎると瞳孔が見えなくなり、相手に本能的な警戒感を与えてしまうことがありますから、目を閉じすぎるのもよくありません。瞳は見えるくらいの目の閉じ方にします。

図7　笑顔のトレーニング

笑顔を維持したまま、トーク台本を練習しよう!

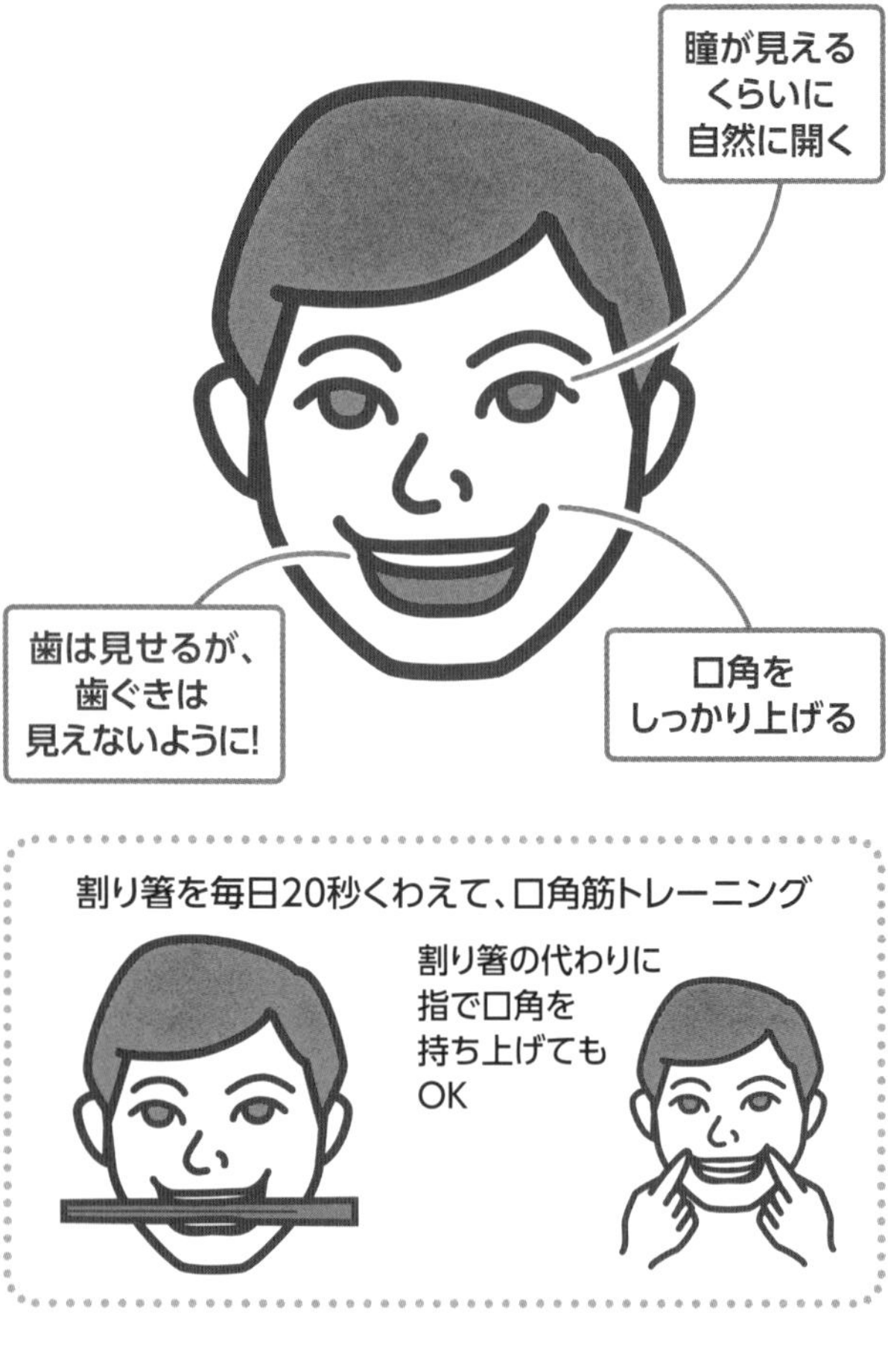
瞳が見える
くらいに
自然に開く
歯は見せるが、
歯ぐきは
見えないように!
口角を
しっかり上げる
割り箸を毎日20秒くわえて、口角筋トレーニング
割り箸の代わりに
指で口角を
持ち上げても
OK

口も自然に少し開けましょう。前歯が少し見えるように、ただし歯ぐきまでは見えないように、ちょうどいい開き具合を維持します。

これらの点を意識して、まずは**定期的に鏡の前で笑顔をつくる練習**をしましょう。よく知られているように、最初のうちは割り箸などを横に20秒程度くわえると効果的です。口角を上げる表情筋を鍛えるためです。

そのうえで、**初対面時の商談の台本**を用意しておき、自然な笑顔を維持したまま挨拶や自己紹介をする練習をします。

このときには、声のトーンも少し高くします。

名刺交換をしたり、男性であれば握手をしたりする場面も練習しておきます。

笑顔を含むトータルで、「感じのよい人だな」という印象を相手に与えられるよう定期的に練習してください。お風呂に入っているときに練習している、という生徒さんもいました。

何度か自主練習して自信がついたら、**パートナーや家族、会社の同僚などにもロールプレイに付き合ってもらいます。**

相手の視点ではあなたがどう見えるか、改善点がないかなどをフィードバックしてもらいましょう。

あなたの笑顔ができているかどうかを決めるのは、あなたではなく相手です。第三者の目でチェックしてもらうステップをぜひ取り入れてください。

なお、鏡で練習するときのノウハウとして、逆に、思い切り不愉快そうな表情をあえてしてみる方法もあります。

不愉快な表情をしているときの頭部や顔面の感覚を覚え込み、そうした表情を人前ではしないようにする、という訓練法です。

ちなみに私は、新卒時に大手百貨店グループの金融会社に就職をした関係で、百貨店での勤務経験があります。百貨店ですから、接客・接遇については徹底的に新人教育で叩き込まれました。表情操作も、営業担当者の基礎スキルとして何度も何度も練習させられました。

結果として、いまでも「いい笑顔」だと言っていただけることが多く、初対面の人から嫌われた経験もあまりありません。

初対面の次の「場」に見込み客を誘った場合にも、笑顔やそれによる好印象の効果は非常に大きいと実感しています。

ビジネスモデルの劣化がよく言われる百貨店ですが、自分の営業担当者としての基礎スキルを鍛え上げてくれたことには、いまでも大変感謝しています。

少し高度な笑顔の使い方

感じのよい表情には、相手との心の距離を縮める効果があり、相手が気兼ねなく話せるようにもしてくれます。

きちんと練習すれば商談の場でもさまざまな使い方ができますから、ちょっとした発展ワザも2つ紹介しておきます。

① 初対面ではあえて笑顔のレベルを控えめにして、その後のほめ言葉につなげる

お客さまとの初対面のときには、あえてほどほどの笑顔にしておき、2回目に会うときには初対面のときよりもレベルを上げた笑顔、つまり、より口角を上げ、嬉しさが顔からあふれるような表情を意図的につくる、というテクニックがあります。

このようにすると、相手から「今日は一段と笑顔が素敵ですね。何かよいことがあったんですか?」などと質問を受けます。

そこで「○○さんとまたお会いできて、いろいろなお話ができるのを楽しみにしていたんですよ」とか、「あなたとお会いして、また勉強させていただけるのが楽しみで!」などと答えます。

営業担当者の側から見込み客をほめると、おだてたり、おべっかを言っていたりする雰囲気になりがちですが、**相手に先に質問させてからほめ言葉などにつな**

げることで、より自然に相手を持ち上げることが可能になります。

あなたへの相手からの印象を、さらに引き上げられるテクニックです。

② 2回目に会うときには、あえて眠そうな表情をする

初対面ではよい笑顔で相手に会ったら、次に会ったときに一瞬、あえて眠たそうな表情をしてみるのもいいでしょう。

小さくあくびをしてもかまいません。

そうすると、相手は「眠そうですね。何か疲れているのですか？」などと質問してくれる場合が多いです。

そうしたら「ごめんなさい、顔に出ていましたか？　実は最近、会社に大きな案件を任せてもらえることになり、昨日は深夜まで仕事をしていたんですよ」などとつなげます。

自分の仕事や扱っている商品についても、先に営業担当者の側から伝えると売り込み的な雰囲気になりがちですが、この方法であれば、自然に仕事や商品のア

ピールへつなげられます。

もちろん眠そうな表情や小さなあくびの仕草なども、事前に練習しておくのがお勧めです。笑顔が自然につくれるようになったら、次はその他の表情も自由に操作・演出できるように練習しましょう。

もちろん、あくびをしたら怒られるような関係性なら、このテクニックは使ってはいけません。

ポイント
営業担当者なら、自分の表情はある程度、意識的に操作できるようにならないとダメ！　鏡の前で事前にしっかりトレーニングすべし。

3段階の「共通点探し」で印象に必ず残る

共通点があるだけで心の距離がぐっと縮まる

相手の印象に残ろうとする際、表情（主に笑顔）に次いで役立つのが「**相手との共通点探し**」です。

普段の生活上のコミュニケーションや、これまでの商談のなかでも、共通点をきっかけに一気に心の距離感が縮まった経験がある方は多いのではないでしょうか？

たとえば「最寄り駅が一緒」や「地元が一緒」、「共通の知人や友人がいる」など……まだ相手のことをよくわかっていなくても、ちょっとした共通点があるだけで心理的な距離は縮まっていくものです。

同じ最寄り駅を使っていても、実際には人生で一度もばったり会ったり、からんだりすることがないような相手がほとんどのはずです。しかし、なぜか共通点があるだけで親近感まで感じることがあります。

共通点が存在するだけで、何を話しても「共感」や「同意」、「承認」を得やすくなります。これは、相手にあなたを覚えてもらうための大きな武器になります。

要は、**意識的に共通点をつくり出したり、見つけたりすればいい**のです。

たとえば私は、神奈川県の相模原市出身なので、相模原市になんらかの関連がある会社や相手なら、次のように話せば、まず鉄板でスムーズな人間関係をはじめられます。

「相模原って、東京の人からは『さがみっぱら』って呼ばれて田舎扱いされたりしますよね。車で地方に出かけたら、車を見て『相撲《すもう》』のナンバープレートだ！　国技館の車かな？　なんて相模と相撲を読み間違えられたり（笑）」

相模原に対する冗談やからかいとも取れる話題ですが、私自身、相模原出身ですからネガティブに反応されることはまずありません。

「わかります！　よく、そうやって馬鹿にされますよね！」などと、笑い話から「共感」につながるのです。

実際にお客さま同士をつなげたり、コアメンバーとお客さまをつなげようとするときにも、「共通点探し」をさせると互いにとても仲よくなる体験をたくさんしてきました。

共痛点探しの実践上のコツ

このように相手に印象を残そうとする際、非常に有効な武器が「共通点探し」なのですが、**共通点さえあればどんな共通点でも仲よくなれるかと言ったら、そ**

図8　共通点の分類

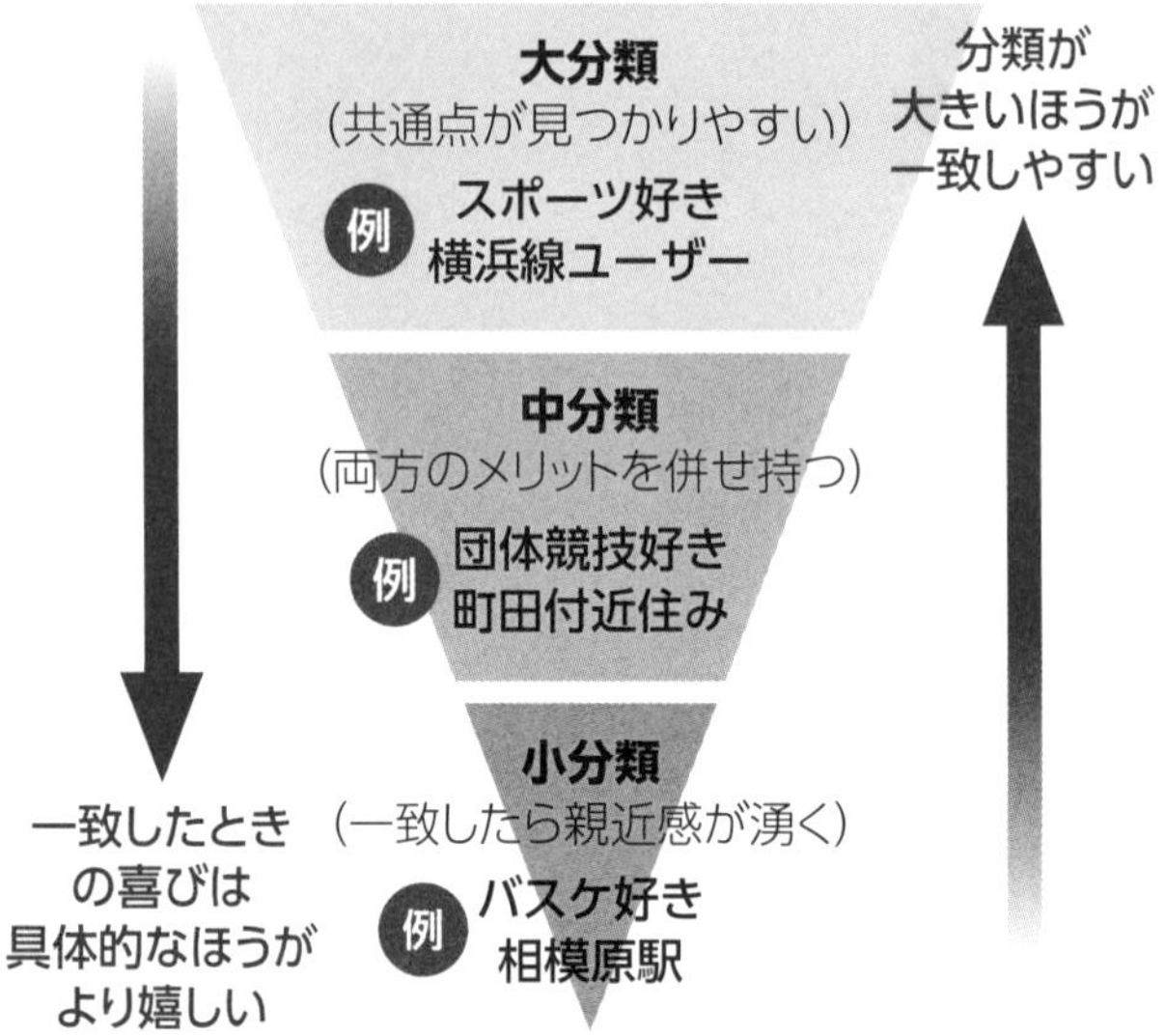

うではありません。

また、**そもそも共通点を探すこと自体が難しい**という場合もあります。

そうした実践上の課題を解決するのが、上図に示す3段階の分類です。

実は、図で示したように**共通点は「大分類」「中分類」「小分類」に分けることができます。**

「大分類」はかなりざっくりしているので、共通点として見つけやすいのですが、それだけでは親近感を抱かせるには弱いことが多いです。

たとえば「スポーツ好き」という共通点は見つけやすいのですが、それだけではなかなか話のネタとして引っ張れません。

逆に「小分類」になればより具体的になるので、共通点として見つけることは難しくなるのですが、もし見つけることができれば、一気にその相手と仲よくなれます。

「中分類」はその中間です。

上から順番に共通点を探していく

共通点を見つけることはできても、なかなか相手との仲を深められないという人は、この図で言う「大分類」の共通点ばかりを探したり、話題にしたりしているので深い仲になれない、というパターンが多いです。

また共通点自体をなかなか見つけられないという人は、最初から「小分類」の共通点だけを探しているので、共通点が見つかれば深い仲になれるのですが、めったに見つからない、というパターンが多いです。

こうした失敗パターンから抜け出すには、**まずは「大分類」の共通点を探し、それを話題にしつつ順番に「中分類」、「小分類」とより狭い範囲の共通点を探していく**方法を取るのがお勧めです。

うまく「中分類」や「小分類」の共通点を見つけられないときには、別の「大分類」の共通点を話題にして、再度「中分類」や「小分類」の共通点を探していきます。

このような作戦を取れば、どんな相手とも「共通点がまったく見つからない」という気まずい状況にはなりませんし、大きすぎる共通点しか見つからなくて仲を深められない、という状況も起こりづらくなります。

加えて、こうして**相手との共通点を探っていくプロセスは、相手に興味がある**

ことを示すシグナルにもなっているので、相手にあなたへのよりよい印象を抱かせる助けにもなるでしょう。

一例として、以下のような会話を挙げておきます。

スポーツが好きなんですね。私もスポーツが好きなんです！（大分類）
↓団体競技と個人競技のどちらが好きですか？（中分類）
↓団体競技ですか！　特にどの団体競技が好きなんですか？
↓へぇ〜、バスケが好きなんですね！（小分類）

（ここで、自分は野球好きなので小分類は一致しなかったとする。）

↓バスケ好きということは、スラムダンクもお好きですか？
↓スラムダンク、好きなんですね！（小分類）
　ということは、漫画とかも結構見るんですか？

↓漫画、けっこう読むんですね！（大分類）
ということは、映画とかもよく見ますか？
↓映画好きなんですね！　私もよく観ます！（大分類）
映画は家で観る派ですか？　映画館派ですか？
↓映画館派なんですね！　私もです！（中分類）
よく行く映画館はどこですか？
↓新宿のＴＯＨＯシネマなんですね！（小分類）
↓新宿は私もよく行くので、今度、歌舞伎町で食事をしましょう！

ちょっと強引な会話例ですが、この例のように大分類で共通点を見つけつつ、中分類、小分類とより深い共通点を見つけに行く会話をしていれば、何も見つからないということはまずありません。

また中分類や小分類のような、より仲が深まる（親近感が湧く）共通点が見つかる可能性も高まります。

ぜひ、このテクニックも活用してみてください。

ポイント

共通点を大分類、中分類、小分類の3段階に分けて考えると、見つけやすくなるし、それを利用して仲を深めることも容易になる。

自分情報を整理して「鉄板質問」をつくる

自分の情報も3段階に

共通点をつくるための事前準備にも、大きく2つコツがあります。

まずは情報の聞き出し方です。

前項で解説したように、大分類から中分類へ、そこからさらに小分類へとバランスよく相手の情報を聞き出す練習をしておきましょう。

もう1つのコツは、聞き出した相手に関する情報を、自分の情報と結びつけて共通点にすることです。

話術がたくみな芸人さんなどは、意識的なのか無意識的なのか、流れるようにこの2つのコツを実践しますが、コミュニケーションが苦手な人が実践するには慣れが必要です。必ず事前に練習しておきましょう。

逆に言えばある程度、事前準備ができていれば、話術がイマイチな人でも必要十分な共通点づくりはできます。

自分の情報を整理する

具体的には、まず**自分自身にまつわる情報や特徴についても、大分類・中分類・小分類のそれぞれで整理し、自己認識しておく**ことです。

頭のなかだけで行わず、ノートなどに書き出して整理することをお勧めします。

自分のことはよくわかっているつもりですが、実は3つの分類のうちの小分類でしか認識していないことがよくあります。

たとえば「要町駅の近くに住んでいる」「趣味は3on3のバスケットボール」「好きな食べ物は鳥の甘酢あん」だとして、これらはすべて3つの分類のなかでは「小分類」に該当します。

これでは、なかなか同じ駅や趣味、食べ物が相手と被ることはありません。

そこで、「中分類」にまで視点を引き上げることができれば、「池袋エリアに在住」「趣味は球技・チームスポーツ」「好きな食べ物は酢と醤油を使った料理」などとなり、相手と自分で共通する要素を引き当てる確率が上がります。

さらに「大分類」にまで視点を上げれば、「東京に住んでいる」「身体を動かすことが好き」「鶏肉が好き」と、もはや共通点が何も出てこないほうが難しいレベルにまで範囲を広げられます。

会話のなかでとっさに共通点を見つけるのが苦手な人は、このような形で**自分の特徴をあらかじめ大分類・中分類・小分類に分けて整理しておくことで、相手との共通点をすぐに見極められるようになります。**

自分情報に引き寄せる「鉄板質問」を用意しておく

さらに、「自分の特徴に被《かぶ》りやすい質問」を先に準備しておくと、自然な会話のなかで共通点を見つけやすくなります。

「スポーツは好き?」と聞いて、答えがイエスなら「何のスポーツ?」と聞きます。そこで自分の趣味であるバスケットボールと共通しないかを確認し、その答えがノーであれば、「ということはインドア派?」とさらに聞いて、インドア系の自分の別の趣味などと共通項がないかを確認する。

こんな感じに、**ある程度先までイエス/ノーの質問のパターンをあらかじめ用意しておく**のです。

どんな答えでも共通項になるパターンも用意しておく

もう1歩進んだ方法として、相手がどんな答えやリアクションをしても、必ず自分との共通点に引き寄せるパターンをあらかじめ準備しておく、という手もあります。

たとえば「出身はどちらですか？」と聞けば、相手は47の都道府県のどれかを答えるでしょう。そこで、あらかじめ各都道府県と自分とのかかわりを47とおり準備しておきます。

「沖縄ですか。実は私も、一度旅行に行ったことがありまして……」

「秋田ですか。私は直接行ったことはないんですが、実は秋田名物の桜の皮の茶入れを普段から使っているんですよ」

「へ〜、愛知ですか。部下の1人が名古屋出身で……」

こんなふうに、一つひとつは他愛もないエピソードでかまわないので、**とにかくどんな答えが出てきても共通点につなげられる受け答えのパターンを事前に準**

備しておくと、なかなか共通点が見つけられない相手や、細かく相手の情報を聞き出す時間的な猶予がない場合に便利に使えます。

なぜ毎日ハンカチを5枚持つのか？

私自身、このテクニックを相手との距離を詰める際の鉄板パターンにしています。少しアレンジして、**常に5色のハンカチを持っておく**という方法です。

こうしておくと、相手が何色のハンカチを持っていたとしても、「あ、同じ色ですね！」と言えます。

相手のハンカチの色がわからなくても、ネクタイの色やシャツの色などを指して、「あ、その色、今日の私のハンカチとお揃いです！」などと言いながらその色のハンカチを取り出せば、とりあえず最初の共通点をつくり出せます。

そして少し話したあとで、「実は『一緒ですね！』と言いたいがために、いつも

5色のハンカチを持っているんですよ」とハンカチをすべて見せることで、ちょっとした笑いも取れます。

さらにその理由について話すことで、「営業のプロフェッショナル」としての実力を相手に印象づけられる、というわけです。

5色のハンカチは少し上級者向けの方法ですが、似たようなネタや展開を自分なりに考えて準備してみましょう。

私自身を含め、コミュニケーションが得意ではない人ほど事前の準備が物を言います。

商談の途中で話に詰まってしまったとしても、この鉄板パターンで少なくとも1つは共通点を引き出せるので、初対面でも緊張しにくくなる効果もあります。

ポイント

共通点を3段階で把握するのに合わせて、自分に関する情報も事前に3段階で

整理しておく。
そのうえで、必ず共通点が生まれる鉄板質問を用意する。

成約率アップに直結する「究極の自己紹介」

後出しジャンケン方式で自己紹介する

相手との共通点が多いほど、またその共通点が小さな分類であればあるほど相手の印象には残りやすくなります。

同時に、「また会いたい」とも思ってもらえます。

そのため、**相手と最初にコンタクトする「自己紹介」の段階で、相手との共通点をたくさんつくることができれば、営業担当者的には効率もよく大成功**です。

これを踏まえて、私の勉強会に来ている営業担当者のなかで、結果が出ているメンバー全員が実践している「究極の自己紹介法」を1つ紹介しましょう。

それは、**「後出しジャンケン自己紹介」**です。

することは単純で、**まずは相手に自己紹介をしてもらいます**。格式張った形ではなくても、自分のことを短く話してもらうだけでかまいません。

その自己紹介に対して質問をする形で、気になる部分の追加情報をヒアリングします。このときには、前述した大分類・中分類・小分類を意識してバランスよく聞いていきます。

そして自分の紹介の番になったら、すでに聞き出した相手の趣味や出身地に合わせて、「実は僕もバスケが好きで、月に2回は必ず早稲田の体育館で3on3のバスケをやっているんですよ!」「僕も富山県に年1回は行っています。富山ブラック(ラーメン)を食べたいがために、京都からサンダーバードにも乗りました」などと、**相手と自分の共通点をカミングアウトする形で自己紹介する**、という手法です。

先述の「必ず共通点をつくれる最強の事前準備」ほど確実ではありませんが、相手の情報を先に引き出すことができるので、比較的簡単に共通点づくりに成功できます。

相手と一気に仲よくなれるので、覚えておいて損はありません。

自分が先に自己紹介することになったら？

もし、その場の話の流れなどで、**どうしても自分が先に自己紹介をすることになってしまったら、とりあえずは「大分類」や「中分類」でざっくりと自己紹介をしてください。**前項で自分に関する情報を整理しておいたことが、ここでも役立ちます。ざっくりとした分類の情報ならば、相手と共通点がある可能性が高いからです。

また、その後の相手の自己紹介で、あなたが触れなかったジャンルでの共通点があることがわかったら、改めて「実は、さっきの自己紹介では言っていなかったのですが、僕も富山が大好きで……」などと、**共通点を追加でカミングアウトする**こともできます。

一方で、自己紹介で小分類の細かすぎる情報開示をすると、共通点を見つけられなかった相手から、「この人とは接点がなさそうだな」と思われてしまうリスクがあります。

そのため、**最初からあまり細かい自己開示はしないほうがいい**でしょう。

自分が先になってしまった場合は、大分類や中分類でざっくりと自己紹介を終わらせて、あとから「実は」と続ける戦略を取ってください。

この「あと出しジャンケン自己紹介」は、ものすごく単純なのですが、それだけに非常に強力です。

ただし、うまく機能させるには出身地や趣味、好きな食べ物などについて、自分自身の情報を事前にしっかり整理しておく必要があります。また、大分類から中・小分類へと相手の情報を順に聞き出していくテクニックも必要です。
人生をかけた「仕事」です。事前準備をきちんとするように心がけましょう。

ポイント

自己紹介はできるだけ相手に先にしてもらう。それにより、その情報に合わせた共通点を含んだ自己紹介ができるようになる。

自分が先になった場合は、ざっくり話して、あとから共通点を追加でカミングアウトするといい。

もう他人に埋もれない「プレゼント・インパクト作戦」

相手の印象に残れるチャンス！

相手との初対面時や、先方の職場や自宅へ訪問するときには、手土産を持っていく営業担当者が多いでしょう。しかし、それだけでは他の営業担当者と同じで、強い印象は残せません。

長く安定した関係をつくりたければ、相手に何かをプレゼントできるタイミングは、絶好の印象づくり・話題づくりのチャンスだと捉えてください。

私の場合、手土産のお菓子などとは別に、事前にヒアリングしている相手の趣味に応じた小物をプレゼントするようにしています。

あなた自身のユーモアやオリジナリティを組み合わせた品物であれば、なおよいでしょう。

たとえばゴルフが好きな方には、その人の名前や写真入りのゴルフボールを差し上げたことがあります。

また仲がよいお客さまが結婚したときには、必ず夫婦の顔がプリントされた結婚Tシャツをつくり、頼まれてもいないのにプレゼントしています。

昆虫採集が好きな友人には、食虫植物をプレゼントしたこともあります。

実用的なものは相手も自分で買いますから、**あえてこういった無駄な物・楽しい物・面白い物・ワクワクする物を贈ることで、相手の印象に残り、話題にしてもらうことができます。**徹底して、そういったものをプレゼントに選ぶようにしていました。

渡した小物が、あなたの話題に導いてくれる

これらの変わったプレゼントを贈る狙いは、**「自分のいないところでも話題にしてほしい！」**です。

実際にこれらのプレゼントがきっかけで相手の印象に残り、自分のいないところでその小物が話題にされて、ついでに私自身も話題になり、最終的に紹介や成約が起こる、といったケースがときどきあります。

たとえば先ほどの顔写真入りの結婚Tシャツを私の既存客の男性にプレゼントしたときには、それがきっかけとなり、その奥さまに「結婚のときに顔写真Tシャツをくれた面白い人」として認識してもらえました。

その後、奥さまにはじめて会ったときには「あ！　結婚Tシャツをくれた人で

すよね！」と一気に距離が縮まり、その奥さまも私のお客さまになっていただけました。

このように、プレゼントも「自分のいないところで自分を話題にしてもらうためのツール」という観点で選べば、紹介や成約を増やす助けとなります。

手土産などを渡す機会がある方は、ぜひこだわってみてください。

ただし、やりすぎると段々と期待される笑いのハードルが上がりますし、相手も負担に感じる可能性があるので、**1人に対して1回まで**としておきましょう。

ポイント

手土産などプレゼントを渡せる機会は、印象づくりや話題づくりの観点からは貴重なチャンス。あえて役に立たない物や、他の人とは違う物を贈って、自分がいないときにも話題にしてもらおう。

「仕事人としての印象」は紹介の仕方で大きく変わる

「仕事人としての印象」はチームで管理

見込み客があなたやコアメンバーを見るときには印象が重要になりますが、実はその印象は大きく2種類に分けられます。

1つは「**人としての印象**」で、もう1つは**仕事をするうえでの「仕事人としての印象」**です。

紹介をもらい続け、成約を取り続けるには、どちらの印象も非常に重要です。

このうち「人としての印象」は、チームうんぬんの前に個人でコントロールすべきもので、ここまで解説してきた方法で改善することが可能です。

ここでは、紹介ガラポンを回すチームで準備しておくべき「仕事人としての印象のコントロール」について最後に触れておきます。

自己紹介と他者紹介

見込み客があなたに対して、仕事上でどのような印象を持つかは、実は紹介者の紹介の仕方にかかっています。

あなたを紹介するのは、本書で提唱する紹介ガラポンの仕組みでは、コアメンバーということになります。そのため、紹介のときにどのようにすれば、紹介したい人物をもう1人の被紹介者に印象づけられるのか、コアメンバーは知っている必要があります。

また実際に紹介されたときには、あなた自身でもある程度、気の利いた自己紹介をすることも当然必要になります。

結局は**あなたもコアメンバーも、チーム全員が自分や他のコアメンバーの紹介をできるようにしておかなければならない**、ということです。

見込み客の方に「◎◎さんは、▲▲という仕事のプロで、紹介者がどのようにお世話になっているか」が伝われば、仕事人としての印象はひとまずしっかり与えられます。

いざそのときになって慌てないよう、チーム全員が事前にしっかりと準備し、何度か練習しておくこともお勧めします。

自己紹介

まず**自己紹介については、最低限、相手が飽きないように15～30秒で簡潔に話せるように準備**しておきましょう。

私の場合であれば、「法人の事業保障、税対応、内部留保、役員退職金の設計から、個人の資産形成・将来資金の設計まで担当しております。ほかには営業マンの育成や、企業の営業事業部の顧問なども担っております」といった具合に、事実（やっていること）だけを端的に説明できる台本を用意しています。

「これだと普通すぎて、あまり相手の印象に残らないんじゃないか？」と思った方がいるかもしれませんね？

そのとおりです。

他者紹介

そこで、この**簡潔な自己紹介に、コアメンバーが実績や成果に関する他者紹介を加えます**。

「いやいや、この人って、保険の営業担当者で日本のトップ１００に入った人だよ！　いつもすごく丁寧に仕事をしてもらっていて、僕も本当に感謝しているんです。」

このように、実績や成果など優秀さをアピールする要素については、自分で言わずにコアメンバーから言ってもらうように打ち合わせておきます。

これらの要素について自分で言ってしまうと、第2章で述べた「自称、日本一うまいラーメン」と同じになってしまうので、「食べログ」などのユーザー生成型コンテンツのように、**第三者からの口コミの形であなたのアピールポイントをお勧めしてもらいます。**

ここでも、自分からは売り込まないように意識するのです。

なお**ビジネスをはじめたばかりでまだ実績がない人は、この場面ではエピソードを話してもらいましょう。**

「前に〇〇で困っていたときに、とっても丁寧な対応をしてくれたんです」など、第三者視点からのエピソードを紹介すると、仕事人としての印象が好意的に形成されやすいからです。

また変に「○○社内で成績3位です」といった相手にわからない数字を使うよりも、実際にビジネスでどんな取引をしたのか、エピソードを語ってもらうほうがリアルで信ぴょう性が上がります。

準備ができていれば自信も出てくる

紹介をしようとする、あるいは受けようとする段階で、チーム内でこのような自己紹介・他者紹介の内容をあらかじめすり合わせておきましょう。

そうすると、あなたの「仕事人としての印象」を上手に引き上げ、管理することができます。

合わせて、それぞれが売っている商品やサービスについても、見込み客のニーズに合わせてどのように話すか、事前にすり合わせて準備しておきましょう。

準備をしっかりしていると、不安もなくなりますから自然と自信があふれる態度を取ることができ、ビジネス上の印象をさらによくしてくれる副次的な効果もあります。

もちろん、本章で前述した「後出しジャンケン自己紹介」や「3段階での共通点探し」のノウハウと併用することで、その効果を高めることもできます。

ポイント

紹介をする／受けるときには、事前にチーム内で紹介内容をすり合わせておき、本人は簡潔な内容で自己紹介し、紹介者が評価に関する他者紹介を加える構図をつくるとよい。

第4章まとめ

- ▶営業のプロなら、表情は意識的に操作できるようになろう。鏡の前で笑顔やトークのトレーニングを実践する。
- ▶相手との共通点が見つかれば、一気に親近感を抱かせられる。3段階で共通点を探すと、見つけやすいし、話も発展させやすい。
- ▶自分の情報についても、あらかじめ3段階で整理しておくと共通点を見つけやすい。
- ▶必ず共通点をつくれる「鉄板質問」をいくつか用意しておくべし。
- ▶自己紹介をするときは、できるだけ相手よりあとに自己紹介することで、相手の情報に自分の情報を被せて共通点をつくり出せる。
- ▶インパクトのあるプレゼントを贈って、自分を印象づけたり、不在時でも自分を話題にしてもらったりするのも手。
- ▶紹介の場面では事前に紹介者と打ち合わせ、自己紹介と他者紹介を上手に組み合わせる。

第5章

そして
あなたのチームは
回り始める

いまこそ、あなたの営業の定義を180度変えるとき

順番とチームの質が大切

ここまで本書全体を通じ、「紹介」自体が大事なのではなく、紹介以前の「前提」を整えて「紹介ガラポン」の仕組みを動かすことで、安定して長く働ける未来がつくれることをお伝えしてきました。

紹介ガラポンの仕組みは、見込み客が信頼している第三者からの紹介や、その第三者があなたに代わって行う宣伝行為などの組み合わせです。

まったく知らない人の口コミですら効果があるのですから、信頼している仲間同士での紹介や宣伝なら、なおのこと成約率は高くなります。

あなたが「長く安定的に、楽しみながら営業の仕事を続ける」という目的を果たすには、まずはしっかりと前提を整え、そして紹介ガラポンのチームや仕組みを構築して、その仕組みを動かしていくこと。

この**順番と、チームの質が非常に大切**になります。

「売り込み」から「成果が上がる」への変革

ここまでは本書で伝えてきたことのおさらいですから、読者の多くはすでに理解してくださっているでしょう。ここからがあなたに問いたい、本書でもっとも重要な問いかけです。

あなたには、この仕組みを実践し、自分のものにする覚悟はありますか？

これまでは勤めている会社や部署、上司の方針に従い、テレアポや自宅訪問などの新規獲得に熱心に取り組んでいた方が多いでしょう。

それはまったく悪いことではありません。仕事に対する熱意は、方法が違っても一緒です。

しかし、テレアポなどの新規獲得は、成約した場合もそうでない場合も「なぜ成約したか」や「なぜ断られたのか」が明確ではなく、運やタイミングの要素が大部分を占めます。つまり、**再現性が低い**です。

また、あなたがこうした「売り込み」感覚の営業をこれまでしていたとしても、それもまったく悪いことではありません。そうした売り込みが得意なタイプの営業担当者も、この世界にはたくさんいるからです。

好きでやっていて、何の不安もなくしっかりと成果が出ているのであれば、売り込みスタイルの営業でも何の問題もありません。

しかし、本書を読んでくださっているあなたに対しては、話は別です。
あなたは本書を手に取り、ここまで読み進めてくれています。
それはきっと、

- いまの売り込み営業のスタイルが好きではない
- いまの営業スタイルで成果が出ていない
- いまの営業スタイルで成果は出ているが、再現性がなく将来続けられるか不安がある
- ある程度の成果は出ているが、もっと成果を出したい
- もっと効率的に営業したい
- もっと楽しみながら、しっかりと成果を出したい

こうした**不安や不満を心のどこかに抱えている**からでしょう。

どうしても変えたい現状があるからこそ、ここまで真剣に読んでくださったのだと私は思っています。

今日こそが、あなたの営業スタイルを変える最初の1日です。

私がここまではっきり言う理由は、あなたに中途半端な状態で仕事をしてほしくないからです。

ときには売り込みをしたり、ときには紹介営業をしたりと、行ったり来たりをするのではなく、「自分は売り込みで生きていく」、あるいは「自分は紹介で生きていく」と、**スタイルを確立してどちらかに絞ってしまったほうが、軌道に乗りやすく、成果も出やすい**からです。

売り込み営業と紹介営業では、仕事のスタイルがかなり根本の部分から違うので、同じ営業という仕事のなかでどっちつかずでいると、かえって成果が出にくくなってしまう恐れがあります。

営業の定義が違う

あなたが選ぶのは「売り込み」なのか「紹介」なのか？

あなたにとっての営業の仕事がどちらのスタイルで定義されるかを考えることで、選ぶべき選択肢はおのずと決まってくるはずです。

参考までに、私がもともと持っていた営業の仕事の定義と、私が紹介ガラポンのチームや仕組みをつくってからの定義は、それぞれ次のようなものでした。

《もともとの営業の定義》

とにかく数を打つこと。

※大半が断られるので、数をたくさんこなすことが不可欠。

《現在の営業の定義》

成果、売上を上げること。

もともとの営業の定義は、普通に売り込み型のものでした。

「営業担当者」とは、こうした仕事を行う人のことだと思い込んでいました。

しかし、本質的な部分に立ち返ると、「成果（売上）を上げることが大事なのであって、テレアポの数が大事なのではない」ということや、「成果が大事なのであって、数をこなすことが重要なのではない」ということに気づきました。

つまり、**私にとっての「営業」とは「成果を上げること」**なのです。

この明確な定義を持てた瞬間、「どうすれば成果が上がるのか」という観点から、すべてを逆算して考えられるようになりました。

定義が中途半端だと、仕事も中途半端になる

営業は売り込みの活動であるという定義のままだと、「どうやって売り込み時の成約率を上げるか」、「どうやって売り込み先の数を増やすか」など、すべての工夫が売り込みを前提とした方向でなされてしまいます。

逆に「成果を上げることが営業」という定義であれば、再現性を意識しながら、成果を上げられる方法を模索することになります。

さぁ、あなたにとっての「営業の定義」はどちらでしょうか？

売り込みが好きな人は、売り込み型の定義のままでもまったくかまいませんし、売り込みが嫌いでも、それで成果が上がっているならそのままでもＯＫです。

ただ、ここまで本書を読み進めてくださったみなさんは、きっと「売り込むこ

と」ではなく、「成果が上がること」を求めて読んでくださったのでしょう。

であれば、**今日この瞬間から、営業の定義を「成果が上がること」に変えてみましょう。**

あなたが思い描く素晴らしい5年後の未来、10年後の未来に近づいていけるはずです。

ポイント

売り込み型の営業を続けるのか、再現性を意識する紹介営業型に切り替えるのか、それは、あなたの選択です。

今日から仕組みをつくりはじめる

将来のための投資として考える

営業の定義が「成果を上げること」なのであれば、**安定して長く成果が上がる仕組みづくりそのものが、あなたにとっての「営業」であり、あなたの「仕事」になります。**

しかし、この本を読んでくださっているあなたは、もしかしたら次のように悩んでいるかもしれません。

「紹介営業の仕組みづくりをしていきたいが、つくりはじめてから実際の成果につながるまでにタイムラグがある。もし、仕組みづくりに時間をかけてしまったら、その分、新規開拓に使う時間が減ってしまい、足元で今月や来月の売り上げが落ちてしまう……」

こういった悩みです。

そのような方にお伝えしたいのが、**仕組みづくりを開始する際の計画立案**の重要性と、計画を立てたうえで**「今日からできること」に素早く取り組む**ことの大切さです。

営業の定義が「成果を上げること」なのであれば、その「成果」は、果たして今月の売り上げのことだけを指すのでしょうか？

もっと言うと、あなたは何年後まで「営業」という仕事で収入を得たいと考えていますか？

あなたがこれから始める仕組みづくりは、「将来」の売り上げを安定させるために「今月」動く行為なので、**今月の売り上げが下がるのは「当然」**です。「今月の売り上げが下がる」と聞いて喜ぶ人はいませんが、「将来の売り上げが安定して上がる」と聞いて喜ばない人もいません。

仕組みづくりに時間を使うことは、今月の売り上げという喜びをコストとして支払い、将来の安定した売り上げを得るために活動する投資と言うこともできるでしょう。

状況に合わせて、できるところから着手

お金の投資で考えたらわかりやすいかもしれません。

将来のお金を増やしたいけれど、いまの生活も大事だから、月に5万円までの範囲で投資に回して、給料が増えたら月に10万円ずつ投資しよう……こんなふうに、お金を投資する際には今の生活と将来のリターンのバランスを考えて「計画」

を立てますよね？

これは時間を投資するときも同じです。**テレアポや新規開拓などの「今月・来月の直近売り上げ」につながることに割く時間を、仕組みづくりという「将来の成果」のためにどこまで削れるか、「計画」を立てる**ことが非常に重要なのです。

計画も立てずに、「今月の売り上げが下がってしまうから、仕組みづくりの時間なんてつくれない！」と考えてしまうのがいちばんもったいないです。

あなたにとって過大なプレッシャーが生じず、気持ちよくやれるペースで、少しずつでも仕組みづくりに時間を使う計画を立てればいいだけです。

たとえば、出費を減らせば売上や収入は一時的に7割になっても大丈夫という方なら、テレアポや新規開拓の時間を3割減らして、生まれた3割の時間を仕組みづくりに充てればいいでしょう。

一時的にでも売り上げは下げられないという方は、逆にテレアポや新規開拓の時間を増やして、今月や来月の売り上げを先に底上げしておき、業務数字上の「貯金」ができた段階で少しずつ仕組みづくりをスタートさせる、という計画を立てればいいでしょう。

将来のために時間を使えば、将来、成果が出る

私の場合は、営業の仕事の定義を「成果を上げること」に切り替えたときに、「これから3か月間は売り上げゼロでもなんとかなる」と判断し、「将来の安定した売り上げづくり」のためにすべての時間を投下しました。

3か月間は売り上げゼロなので、もちろん周囲からはいろいろと指摘されたり嫌味を言われたりもしましたが、いまとなってはそれもよい思い出になっています。

3か月間の売り上げゼロを覚悟した瞬間から、「成果を上げること」に注力し、どんな手法がいちばん効率的にゴールへ近づけるかを考え、研究しました。その

結果、行きついたのが本書でお伝えしたノウハウです。

いまでは、自分で自分の商品を売り込まずに、大きな成果を上げることができています。

将来のために時間を使ったから、将来、大きな成果となったという、至極当たり前の結果です。

私の場合は3か月間売り上げゼロという極端な割り振り方でしたが、みなさんの場合には、同時並行で進行させたり、バランスよくリソースを割り振る形でも、もちろん問題ありません。

時間や資金に余裕がある方なら、私と同じように一気にやってしまってもかまいません。

どのような形でもいいので、自分なりの計画を立て、いますぐできる範囲から紹介ガラポンの仕組みづくりをはじめましょう。

あなたの将来の成果は、思い描く将来のために、あなたがどれだけ真剣に時間を使ったかで決まるのですから。

ポイント

将来の継続的な売り上げのために、現在の時間や労力をどの程度割けるのか、自分の状況に合わせて計画を立て、少しずつでもいますぐはじめる。

「Ｆｏｒ Ｙｏｕの姿勢」を忘れない

売り込み型を長く続けていると、わかりにくいかも？

あなたが営業の定義を「売り込み」から「成果を上げること」に変え、仕組みをつくって機能させていくに当たり、認識の転換が必要なのが「Ｆｏｒ Ｙｏｕの姿勢」です。

Ｆｏｒ Ｙｏｕの姿勢がなぜ大事かは、すでに第2章でも説明しました。

しかし、**これまでの営業のスタイルが売り込み型だった場合、「Ｆｏｒ Ｍｅの**

姿勢」がクセになってしまっているケースが多いので要注意です。

売り込み営業の場合、基本的に1対1の営業なので、とりあえずその場で契約が取れればよい、という姿勢になりがちです。

そのお客さまが成約後に自分から離れてしまったとしても、また新しい見込み客に会って売り込みをすれば次の機会が生まれますから、ＦｏｒＭｅの姿勢でも営業の仕事が成立しやすいのです。

そのため、仕組みづくりを進める際にも、なぜＦｏｒＭｅの姿勢がよくないのか理解しづらいケースがあります。

自分優先の人同士でチームをつくってもうまくいかない

ＦｏｒＭｅの姿勢を、紹介を基盤にする営業スタイルで避けるべき理由は、**そ**

れだと周りにいるお客さまやチームのメンバーが離れていってしまうからです。

仕組みをつくって、みんなで協力して紹介をし合おうとするとき、そのなかにＦｏｒ Ｍｅの姿勢の人が１人でも混ざっていると、そのチームは長くは続きません。

自分のことしか考えない人がいる場に、「また行きたい」と人は思わないからです。

将来の安定した成果につながる仕組みをつくろうと思ったら、Ｆｏｒ Ｙｏｕの姿勢を持つ、という前提を徹底することが重要です。

Ｆｏｒ Ｙｏｕの姿勢ができている人は、同様にＦｏｒ Ｙｏｕの姿勢ができている人と波長が合うので、あなたがＦｏｒ Ｙｏｕの姿勢ならばコアメンバーにもそれができている人たちが集まります。

相手のことを思ってしたことを、相手も自分のことを思ってしてくれます。

「相手を勝たせたい」とお互いに思っているメンバー同士がチームになるので、「**勝たせ合い**」が起こるのです。

ＦｏｒＹｏｕの姿勢の人が集まり、さらに第2章で「ビジョン」として紹介した「目的」や「目標」が一致したチームができれば、成果という名の共通の目的に全員が向かっていく集団ができます。

最初はうまくいかなくても、打ち合わせをしたり、振り返りをしたりして、「自分を含めチーム全員がもっと成果を出すには？」という軸に沿って行動を修正していけば、必ずより大きな成果に近づいていくでしょう。

仲間がいれば、1人ではできないことも成し遂げられる

私自身、仕組みが機能しはじめたら、3か月間収入ゼロの状態から、短期間のうちに業界上位のトップ100位内に入ることができました。

これは私だからできたわけではなく、第1章で紹介したとおり勉強会に参加し

た人からも多くの成功者が出ています。

1人ではできなかったことが、できるようになるのがチームの力です。

1人でやるには大きすぎる案件も、チームなら受注できます。

たとえばあなたが保険営業の専門家だったとして、大きな案件では税務や法務、相続や不動産などが絡んだりして、本業の部分以外はとても1人で請け負えないものです。

細部をごまかしながら1人で請け負えば、利益は1人占めできるかもしれませんが、仕事のクオリティはどうしても低くなるため、周囲やお客さまの信頼を失い、そこで次の仕事への紹介の輪が途切れてしまう危険性が高まります。

その大きな案件を、チームのみんなと協力しながら請け負って高いクオリティで成し遂げれば、お客さまは非常に喜んでくださるでしょう。

次の紹介ももらいやすいですし、チーム全員の仕事にもなります。

安定的に、大きく長く稼ぎたければ、みんなで力を合わせる必要があります。

あなたが「営業」という仕事を長く続けていきたいのであれば、同じ目的・目標を持った気心の知れた仲間がいる、ということほど心強いことはありません。

そのためにも、仲間を勝たせたいと思える「Ｆｏｒ Ｙｏｕの姿勢」を最優先で身につけましょう。

それが、本書で紹介する紹介ガラポンの仕組みには欠かせないと肝に銘じてください。

ポイント

これまで売り込み型の営業をしてきた人は、相手を思いやる「Ｆｏｒ Ｙｏｕの姿勢」をしっかり身につけよう。

それがないと、チームが崩壊して仕組みがうまく回らない。

「やり切る覚悟」があれば失敗しない

継続に必要な唯一の鍵

本書で紹介した仕組みは、前提さえ整っていれば誰でも完成させられる〝再現性がある〟仕組みです。つまり、この本を読んでくれているあなたも、当然に同じような仕組みをつくれます。

ただ、そのときにあるものがあると、仕組みの実現までの時間をグッと短くできます。

──それは、**「やり切る覚悟」**です。

「この仕組みで成果を出す。そして、それを一生の資産にする！」

こうした覚悟があると、実際に仕組みをつくり上げ、またその仕組みを回して成果を出そうとする際に絶対的に有利になります。

先ほども述べたように、この仕組みには再現性がありますから、本書でお伝えした方法で愚直に努力を続ければ、誰でも自分の紹介ガラポンをつくれます。途中であきらめなければ、あなたの営業人生での大きな財産になります。

しかし**物事がうまく回りはじめる前にあきらめてしまえば、当然ながら失敗するでしょう。**

あらゆる取り組みと同じで、紹介ガラポンの仕組みも最初からいきなりうまくいくものではありません。最初から100点満点のチームがつくれるわけでもありません。ちょっとした失敗は避けられませんが、そのとき「なんだ、そこまで簡単にうまくいくわけじゃないのか。めんどくさいなぁ……」とやめてしまえば、そこでこの挑戦は終わってしまうのです。

本当はその**失敗から見えてきた課題を、1つずつ順番に潰していかなければなりません**。営業に限らず、どんなビジネスでもそれこそが真の成功への道ですが、そこから目を背けてしまえば当然失敗します。当たり前のことです。

あなたの覚悟が、覚悟のある仲間を引き寄せる

あなたの目的は「営業という仕事で、長く安定的に高い成果を出し続けること」ではありませんか？　その目的達成の方法は、紹介を生み出す紹介ガラポンの仕組みをつくることです。立ち上げには時間も労力もかかり、決してラクではありませんが、いったん仕組みをつくってチームが稼働しはじめれば、その後はさほどの労力はいりません。あとになればなるほど、ラクになっていく方法です。

とくにその立ち上げの部分で、「この挑戦を必ず成功させる！」という覚悟が役立ちます。

覚悟がないと、集まるメンバーも覚悟がない人たちになりがちです。

ちょっとうまくいかないことがあると、なにかと理由をつけて1人、また1人と辞めていくので長続きしません。

逆に「一生続ける！」「成果が出るまで修正・実践をやり続ける！」と覚悟を持ってスタートした人だと、仲間にもそうした覚悟を持った人が集まるので、目的に向けて長期的に努力できる強い集団ができ上がります。

最初から完璧な仕組みなんて誰にもつくれません。最初から100点は誰にも取れません。**仕組みとは「改善・改良し続けていくものである」**という認識を、チームのメンバーもあなた自身も持つようにしてください。

ポイント

うまくいくまで改善し続ければ、必ず成功できる。

第5章まとめ

- 売り込み型の営業と、紹介営業では根本の定義から違う。どっちつかずでは仕事もうまく回らないので、どちらかに振り切ることをお勧めする。
- 紹介ガラポンの仕組みづくりやチームづくりに取り組むには、時間や労力が必要。それぞれの状況に合わせて計画を立て、将来への投資と思ってすぐにでも着手すべし。
- 売り込み型の営業から切り替える際には、For Youの姿勢がまだ身についていないことも多いので注意する。
- チームを組んでいると、1人では請けられないような大型案件も受注できる。
- 本書で紹介した内容には再現性があるので、誰でもマネできるが、「成功するまでやめない」覚悟を持っていると、成果が出るまでの時間が圧倒的に短くなる。

おわりに

最後までお読みいただき、ありがとうございました。

この本を読んでみてどう思いましたか？

こんな単純なことならできそうだと思った方もいれば、自分にできるのかと不安を感じた方もいるかもしれません。

私は、本書を手に取ってくださったあなたは、すでに自分なりに問題提起をして答えやヒントを探し求めている、人生に本気な方だと思っています。

その時点で、本書にたどり着いていない営業担当者や、何も探していない営業担当者とは本気度が違います。

問題意識を持って本書を手に取った自分を、まずはほめてください。

そして、自分自身がこれからの営業人生、あるいは社会人としての人生を、どんなものにしていきたいのか深掘りしてみてください。

大事なのは、あなたの人生です。

子どもとの時間を増やすために休みを増やしたいのか、収入をいまより少しだけ増やしたいのか、不安をなくしたいのか……人生に何を求めるのかは、人それぞれです。

自分自身が人生に何を求めているのかを深掘りしてから、周りを見回しましょう。同じものを求めている仲間が、きっといるはずです。

こうした人生に対する努力は、「焦らず急ぐ」ことが大切です。

焦っても仕方がありません。焦ると平常心ではいられなくなるので、選択ミスが増えてしまいます。

しかしながら、人生においてはスピードも重要なので、すぐにはじめることをお勧めします。

はじめさえすれば、また本書に書いてあることをやり続ければ、十分に成果が出ることをお約束します。


これでもまだ不安だったり、もっと成果を出したいと思ったり、もっともっと考え抜いて実践したいと思う方は、私のところに来てください。

私が主催する勉強会「ザネスクール」では、メンバー全員であなたの成長と成果の実現をお手伝いしています。

不安なく、安定的に「営業」という仕事を楽しめる未来を、ともに手に入れましょう！

【著者プロフィール】

上實 貴一（かみざね・たかかず）

総合FP資産形成・コンサルティング株式会社 代表取締役社長
2022年 TOT（Top of the Table）会員

1982年、神奈川県生まれ。

國學院大學法学部を卒業後、伊勢丹アイカード（現 三越伊勢丹ホールディングス 株式会社エムアイカード）に入社。金融商品の販売、マーケティングを担当する。接客・接遇の質の高さに定評があり、一般顧客から富裕層・著名人まで数多くの顧客に金融相談を受ける。2013年にご縁があって富士急行に転職。富士山世界遺産登録関連での富士山麓への富裕層誘致企画・マーケティングを担当する。また、山中湖エリア別荘地・損害保険等の販売促進にも尽力する。2015年にスカウトを受けソニー生命保険に転職。慣れない完全成果報酬型の保険セールスで大きな壁にぶつかり、半年弱の売り上げゼロを経験する。

「セールスマンとは何か？」を必死で探求した結果、「クライアントと長く付き合う」ことが、ビジネスで成果を出し続ける秘訣であると気づく。

金融知識、接客・接遇スキルを活かし、相手の懐に入る独自の「印象術」を確立し、既存クライアントが自分のためにセールスをし、ひとりで営業しない「チームセールス」のスキームも構築。クライアントからクライアントが連続的に生まれる仕組みを独自につくり上げ、多くの中小企業経営者から熱い信頼を獲得する。

ソニー生命保険にて新人賞および7年連続で社長賞を獲得。保険営業者なら誰でも目指すMDRT（Million Dollar Round Table）やCOT（Court of the Table）を獲得後、2022年に保険セールスマンの上位0.01％しか入れないTOT会員の資格を得る（128万人の保険セールスの上位100位以内）。

同年、総合FP資産形成・コンサルティング株式会社を設立。培った独自の営業スキーム、金融業界知識、接客・接遇スキルを活かし、業界問わず営業パーソンの育成にも積極的にかかわり、活躍の場を拡大している。本書が初の著書。

上を目指す営業パーソンの勉強会
「ザネスクール」

ず〜っとつながる紹介営業

2024年1月22日　第1刷発行

著　者 —— 上實 貴一
発行者 —— 徳留 慶太郎
発行所 —— 株式会社すばる舎
〒170-0013 東京都豊島区東池袋3-9-7 東池袋織本ビル
TEL　03-3981-8651（代表）03-3981-0767（営業部直通）
FAX　03-3981-8638
URL　https://www.subarusya.jp/
企画協力 —— 松尾 昭仁（ネクストサービス）
DTP —— 株式会社シーエーシー
装　丁 —— 池上 幸一
編集担当 —— 菅沼 真弘（すばる舎）
印　刷 —— 株式会社光邦

落丁・乱丁本はお取り替えいたします

ISBN978-4-7991-1184-0